Luca Vanin

# Orientare online

Progettare e realizzare sistemi di orientamento online

MNAMON

# Prefazione

Post scriptum, prima di tutto!

Quando ho scritto questa edizione del libro, pensando a una soluzione più pratica, leggera e allo stesso tempo agile da usare, ho
immaginato il mio lettore e la mia lettrice ideali.
Li ho immaginati come immersi in un bisogno vitale di informazioni, idee, strumenti e modelli per ampliare la propria esperienza
di orientamento tradizionale e applicare alla propria professionalità
nuove prospettive e nuovi sviluppi.
È recente la considerazione che anche gli strumenti online debbano
essere integrati nei processi di orientamento e che il web possa essere lo spazio di creazione di nuove prospettive e nuovi Orientamenti,
con la *O* volutamente maiuscola.
Ma quello che hai tra le mani, caro lettore, cara lettrice, è una storia
di altri tempi, che però oggi sono ancora più attuali. Vediamo dove
nasce questa storia e come può esserti utile, partendo dalle origini.
La prima volta che sono entrato all'Università di Milano Bicocca, era
ancora chiusa. Era la fine degli Anni Novanta e stavano arredando
gli uffici e gli stabili dell'edificio che avrebbe ospitato le Facoltà di
Psicologia, di Scienze Umane per la Formazione, di Giurisprudenza.
La piazza antistante all'edificio veniva ironicamente chiamata dai
pochi abitanti di quegli uffici *Piazza Tienammen*: gli esili alberelli appena piantati non solo non creavano quasi alcun tipo di ombra, motivo per cui probabilmente erano lì, ma dall'alto del quarto piano
sembravano quasi invisibili.
Ricordo che ero lì per discutere della mia tesi col mio co-relatore,
nonché mentore e amico, Stefano Castelli e, di tanto in tanto, an-
davo a visitare anche Susanna Mantovani, la mia Relatrice e futura
Preside della Facoltà di Scienze della Formazione.
Camminare nei corridoi della Bicocca ti dava la sensazione di qualcosa di completamente indefinito, come un trasloco continuo, ma

non capivi se gli oggetti stavano arrivando oppure stavano andandosene.

Arredi, strumenti, scrivanie, sedie imballate e ricoperte di cellophane, studi incompleti che iniziavano a essere vissuti gradualmente, giorno dopo giorno.

Ancora quando ho iniziato il mio dottorato, trovavi moltissimi studi semideserti, inabitati, ancora da collocare e la colonizzazione era rapida, preannunciando il futuro sovraffollamento.

Racconto questo dettaglio, perché in quei tempi l'intera Università di Milano Bicocca stava nascendo, stava maturando come idea.

Nel corso degli anni successivi ho vissuto sperimentazioni, novità, ritorni, cicli e ricicli, revisioni, ripensamenti: insomma gli elementi distintivi della nascita di una Università che trae dalla tradizione lo spunto vitale e che vuole anche distinguersi.

E l'origine di tutto questo libro è proprio la medesima: il desiderio di sperimentare strade nuove e percorrere direzioni che altri non hanno ancora provato o che hanno solo accennato.

La storia di questo libro parte esattamente in quegli anni, in particolare immediatamente prima del termine del 2003, dopo il mio Dottorato in Psicologia. Si tratta in qualche modo di una storia personale, e in queste pagine racconto la mia personalissima visione della cosa, dall'interno, non da osservatore esterno. D'altra parte, è la storia che più strettamente si intreccia, cresce e si sviluppa con l'intera storia di una Facoltà e di un Dipartimento vitali, creativi, dinamici e di straordinario livello accademico.

Torniamo al 2003. Stefano Castelli sarebbe diventato responsabile del Corso di Laurea in Discipline della Ricerca Psicologico Sociale - Consorzio Nettuno. Il secondo Corso di Laurea a distanza della Bicocca, dopo Scienze del Turismo. Mi chiese se mi andava di seguire una cinquantina di studenti a distanza, gestendo il tutto via mail. Risposi subito di sì. Ero curioso e di lì a breve pure disoccupato: le due cose andavano perfettamente a braccetto.

Non esisteva molto. Tutto poteva svilupparsi e crearsi.

Il principale "dogma" da seguire erano una serie di indicazioni fornite direttamente dal Consorzio Nettuno, sparse in siti, documenti e

indicazioni online apparentemente disorganizzate. Era un'altra epoca del web, quando la *usability* come la intendiamo oggi, probabilmente doveva ancora nascere!
I detentori del sapere erano i colleghi pionieri di Sociologia, responsabili del corso a distanza di Scienze del Turismo. Noi attingevamo direttamente alla loro esperienza e al loro modo di organizzare la didattica.
Cosa dovevo fare? Semplice: rispondere al telefono, dare informazioni sul Corso di Laurea, inviare documenti e programmi ai neo iscritti. La chiamavano Segreteria didattica.
La fase centrale della storia riguarda una fuga e una vittoria. Non ho mai amato essere vincolato a orari stretti, soprattutto se non necessario: le telefonate arrivavano sporadicamente, le mail invece erano moltissime. Stefano Castelli, con lo spirito di chi si fida, ma che continuamente ha sott'occhio la situazione, mi dava carta bianca, mentre la segreteria didattica di Sociologia un po' meno: abituati in un modo, cercavano nella coerenza la conferma di un sistema che stava già lasciando il tempo in cui era nato e si affacciava sul web del futuro. Del resto aveva già funzionato molto bene negli anni precedenti e si integrava perfettamente con il loro sistema complessivo.
Un po' meno con quanto accadeva nella nostra Facoltà.
Io personalmente non volevo il telefono. Tutto qui.
Pensavo si potesse usare un sito web, creare una F.A.Q. (Frequently Asked Questions), una raccolta di domande e risposte e usare internet per gestire meglio le informazioni: un sito, una faq, un indirizzo mail, indicazioni precise e in un posto unico. Come detto, sotto la supervisione di diverse persone piuttosto esperte di didattica e organizzazione, avevo carta bianca e la usai, facendo in modo che l'avvallo dei miei superiori consentisse anche la massima libertà di sperimentazione affiancata da prudenza, circospezione, continuo controllo della situazione e dei risultati di ogni singola operazione.
Anche dal Consorzio a Roma vennero prima titubanti indicazioni dell'ortodossia didattica e poi s'iniziò a dire tra gli uffici "*si, ma Milano Bicocca è un mondo a parte, fanno un po' diversamente*".
Era il tempo in cui uno studente di informatica mi chiese "ma inve-

ce di usare la mail, perché non crei un forum di discussione?". Nel giro di qualche settimana nasceva la straordinaria Community "Nettuniamo", tuttora attiva per i pochi superstiti del Corso di Laurea.

Negli anni successivi, fino al 2005 ho continuato a sviluppare il sistema informativo del Corso di Laurea a distanza, un sistema a sé che la duttilità dei tempi permetteva di muoversi quasi indipendentemente, con regolamenti paralleli, spesso più moderni della Facoltà stessa: la distanza e l'online era dimensioni poco famigliari, ancora in corso di evoluzione e piuttosto "strane" agli occhi di moltissime persone. Che ci fosse qualcuno che se ne occupasse, senza "inquinare" il sistema centrale era un bene. A volte, le chiacchiere di corridoio con i miei colleghi della Facoltà facevano emergere quanto alcune idee potessero andare benissimo anche per la facoltà stessa. Da una parte al tutto.

Nel 2005 vinsi un assegno di ricerca sul tema che dà il titolo a questo libro: obiettivo, creare un sistema di supporto per gli studenti tradizionali, un sistema di tutoring pensai subito. Applicare l'esperienza vincente del corso di laurea a distanza agli studenti tradizionali. Con un tocco in più Student KIT (acronimo di Keep in Touch) un sistema per monitorare gli esami sostenuti e scambiare informazioni con gli altri iscritti, sperimentato comunque con gli studenti a distanza, più avvezzi a queste cose.

L'assegno durò fino al 2010 e i risultati sono nella seconda parte di questo libro. E qui in parte finisce la mia storia, almeno quella raccontata in questo libro.

Nel 2010 ho intrapreso un'altra strada, portando nel mondo le mie personalissime idee sull'orientamento, la formazione a distanza e il tutoring online, contribuendo a Insegnalo.it, il primo vero market place di e-learning italiano e Webinarpro.it, il primo e unico sito italiano specializzato in eventi online, webinar, videoconference, webmeeting. Attualmente mi occupo completamente di comunicazione e formazione online dal vivo, per aziende, privati, enti pubblici, centri di ricerca, istituzioni, Università e singoli privati.

Oggi le cose sono molto cambiate, e ormai la storia dell'Orientamento e del Tutoring di Facoltà (ormai Dipartimento) la potrà raccontare qualcun altro. La Community del Nettuno, nonostante il corso consorziato sia stato chiuso, continua ad esistere a servizio dei pochi rimasti e a breve sarà solo un ricordo. Il forum del Tutoring di Psicologia è nel limbo del web, ormai abbandonato.

Ho voluto sistematizzare questo lavoro e questa descrizione perché credo che il lavoro di questa decade abbia potuto tracciare una strada percorribile ancora oggi. Forse meglio, con l'evoluzione del web a cui abbiamo tutti assistito. Credo che non vada perduta la memoria delle migliaia di persone che sono entrare in contatto con un sistema ritenuto da moltissimi d'eccellenza, unico ed esemplare, un'esperienza sociale e didattica eccezionale che ha prodotto circa una trentina di pubblicazioni.

La base di questo testo è stata scritta proprio alla fine di quel percorso, tra il 2009 e il 2010 e quindi è un materiale scritto quasi "in diretta", mentre gli eventi maturavano e si sviluppavano.

Ho voluto lasciarla immutata, perché raccoglie tra le righe lo spirito di quegli anni, la voglia di sperimentare e l'approccio metodologico che ha delineato ogni singola scelta.

Rileggerlo alla luce dei giorni nostri (anche se il tempo intercorso è davvero minimo), significherebbe trasfigurarne in parte alcuni elementi, forse diluirne il valore, forse perderne anche il senso.

Anche la bibliografia è volutamente aggiornata a quel periodo: sarebbe inutile aggiornarla alle ultime scoperte e alle ultime sperimentazioni. Al momento dello sviluppo di questo progetto la storia, la letteratura e la ricerca scientifica erano a questo stato dell'arte.

Una breve nota sul testo. Alcune parti del libro possono ricalcare, essere simili o analoghe ad articoli che ho pubblicato in altri contesti, anche con altri autori. Rinvio ai medesimi contributi citati in bibliografia per una lettura più completa degli stessi.

Dalle mie osservazioni più recenti, si evincono pochi sviluppi concettuali in materia: sono cambiati gli strumenti, sono maturati gli usi della tecnologia – fino a un certo punto, tuttavia – ma la sostanza rimane ancora quella legata all'esperienza raccontata in queste pagine.

Personalmente credo che l'orientamento e il tutoring online possano fare ancora molto, sia nel campo dell'orientamento in entrata in ambito universitario, sia in una sua applicazione più estesa al mondo delle organizzazioni, delle aziende e della formazione, sia tradizionale, sia online, sia mista.

Lascio in queste pagine la memoria di un progetto molto ambizioso e molto stimolante, per me e per tutti coloro che vi hanno preso parte.

E se un giorno qualcuno vorrà ripercorre questa strada, saprà quali passi intraprendere e quali sfide lo attendono!

Buona lettura!                                                    *Luca Vanin*

# Introduzione

L'evoluzione delle nuove tecnologie nell'ultimo decennio è passata attraverso almeno due grandi passaggi. Il primo è quello che a partire dagli anni Ottanta-Novanta ha portato alla diffusione di Internet e della rete in generale. Si tratta della prima generazione del web, caratterizzata da un'informazione statica, prevalentemente testuale, che solo gradualmente si è proiettata verso le animazioni, la grafica tridimensionale e gli spazi di interazione in tempo reale (Porteneuve, 2007).

Un secondo passaggio fondamentale è associato a partire dall'inizio del millennio con l'evoluzione tecnologica dell'hardware in generale che, a sua volta, ha consentito lo sviluppo del web di seconda generazione, più noto come Web 2.0 (Bonaiuti, 2006; Porteneuve, 2007), caratterizzato dal ruolo attivo dell'utente, non più semplice consumatore, ma attore protagonista del processo di costruzione dell'informazione online. A titolo d'esempio, applicazioni particolarmente impressionanti come Google Earth o le potenzialità di Facebook e dei Social Network in generale sono stati in gran parte resi possibili grazie allo sviluppo di processori, database, server, schede grafiche sempre più potenti e veloci, in grado di elaborare mole di dati sempre più consistenti.

Tale evoluzione ha comportato interessanti implicazioni sociali e culturali. In primo luogo, la diffusione del web di seconda generazione ha comportato una rapidissima evoluzione dell'offerta tecnologica con una graduale proliferazione di offerte tecnologicamente molto avanzate ma, allo stesso tempo, progettate per rispondere ai bisogni di un mercato non sempre preparato a tali strumenti. In questi termini, la diffusione dell'*opensource* e del freeware, ossia software non distribuiti commercialmente (e quindi gratuiti), si è confrontata con una domanda sempre più specifica ed esigente, da un lato, e con l'esigenza di strumentazioni complete, sofisticate e, possibilmente, semplici e usabili, dall'altro.

Questo aspetto tecnologico sta progressivamente modificando le abitudini e le consuetudini del comunicare. A titolo d'esempio, la disponibilità di piattaforme gratuite per il blogging influisce sensibilmente sulla diffusione di questo strumento di comunicazione e sulle dimensioni di quella che viene ormai definita "blogosfera", ossia l'insieme di tutti i blog attualmente disponibili online. Un secondo esempio concerne la più recente diffusione dei social network, che consente a chiunque di disporre di una propria pagina web e di condividerla con altri utenti e, almeno in linea teorica, senza limiti. Le ripercussioni di questa evoluzione si percepiscono anche nella didattica, nella formazione universitaria, nella crescente disponibilità di soluzioni tecnologiche a supporto della tradizionale lezione frontale. Si tratta del *blended learning* (Ligorio *et al.*, 2006), a titolo d'esempio, in cui la tecnologia offre spazi di interazione che supportano la formazione in presenza. L'uso dei blog o degli e-book come supporto alla didattica, d'altra parte, è un esempio concreto delle più recenti applicazioni di tali strumentazioni per offrire supporto agli studenti.

Senza entrare nel merito delle soluzioni didattiche esclusivamente online come le università telematiche, è sufficiente osservare lo sviluppo dei siti web degli Atenei e delle Facoltà Italiane per constatare che la formazione universitaria sta progressivamente integrando i prodotti del web con la propria offerta didattica: newsletter, siti personali dei docenti, forum di discussione, piattaforme online, *repository* di materiale informativo, ecc.

In tal senso, non cambia solo il modo di fare formazione, ma cambia il modo di comunicare l'informazione, di condividerla, di utilizzarla di collocarla nell'ambito del processo formativo. Cambiano le opportunità e si sviluppano differenti modalità per orientare gli studenti, per inserirli in un processo di formazione che assume sempre più aspetti di comunicazione estesa, multidimensionale, multiculturale e multiforme, in cui prevale sempre più la comunicazione molti-a-molti, rispetto alle tradizionali formule uno-a-molti o, addirittura, uno-a-uno.

Il presente lavoro entra in merito di tale cambiamento e indaga il nascente modello di orientamento online, ossia una modalità di orientamento informativo che sfrutta gli strumenti comunicativi offerti dal web per orientare gli studenti prima dell'iscrizione e nelle fasi successive dell'immatricolazione.

Le prime forme di orientamento online, come si leggerà nel primo capitolo, si basavano sul semplice uso del computer (Castelli, 2002), mediante software in grado di raccogliere le risposte ad un questionario e fornire un profilo di interessi, competenze, ecc. Accanto a tali dispositivi ci si poneva l quesito relativo al ruolo dell'informazione come strumento di orientamento e del suo utilizzo nel processo orientativo. Le conclusioni di tali analisi, per alcuni versi, sembrano relegare tale forma di orientamento ad un ruolo ancellare, di semplice supporto a quello che di volta in volta assume la forma di colloquio di orientamento, di lavoro di gruppo, di counselling, e via dicendo.

Tuttavia, l'evoluzione di cui si scriveva all'inizio estende le potenzialità dell'informazione e gli strumenti a disposizione oggi consentono una rivisitazione del ruolo dell'informazione e dei possibili utilizzi grazie ad elementi che fino a qualche tempo fa non erano assolutamente concepibili. È il caso della community online, ossia dell'insieme dei pari che interagiscono online per raccogliere, condividere e cercare informazioni utili per il proprio percorso formativo. Oppure, sempre a titolo d'esempio, è quanto accade nel momento in cui un gruppo di studenti esperti elabora un blog, una sorta di diario online, per condividere con i potenziali iscritti informazioni relative all'iscrizione, al corso, alle scelte dei percorsi possibili.

Si tratta di soluzioni per alcuni versi innovative che sono rese possibili dalla diffusione tecnologica di cui abbiamo solamente accennato: se blog, chat, forum di discussione, social network (Bonaiuti, 2006; Porteneuve, 2007) rappresentano ormai una modalità piuttosto comune per raccogliere e condividere informazioni, allora il loro utilizzo anche in fase di orientamento può rappresentare una soluzione percorribile e, per molti versi, in linea con la tendenza generale.

Il lavoro prende avvio da una possibile definizione del modello di orientamento online, focalizzandosi su alcuni elementi che lo caratterizzano. In particolare, la sperimentazione di alcune soluzioni per l'orientamento online a partire dall'anno accademico 2003-2004 presso la Facoltà di Psicologia dell'Università di Milano Bicocca e quanto disponibile in letteratura sulla selezione, preparazione e sulle modalità per facilitare l'accesso agli studenti di corsi online ha permesso di individuare nel graduale passaggio tra diversi stadi di orientamento una possibile soluzione efficace per accogliere e orientare le matricole.

Nel secondo capitolo, verranno individuati i punti salienti del modello di orientamento online proposto, con particolare attenzione non solo ai soggetti coinvolti nel processo (in particolare per quanto concerne la definizione del profilo dell'orientatore online), ma soprattutto agli strumenti utilizzati, al ruolo dell'informazione nella formazione, agli aspetti culturali e organizzativi connessi con l'applicazione di un modello simile e alle implicazioni metodologiche.

I due capitoli successivi presentano, infine, alcune esperienze e sperimentazioni del modello proposto al contesto universitario, sia a distanza (per quanto concerne il modello di orientamento online) sia tradizionale (per quanto riguarda il modello di tutoring online).

Nel terzo capitolo, infatti, viene descritta la sperimentazione del modello di orientamento online presso un corso di laurea a distanza attivo dall'a.a. 2003-2004 presso la Facoltà di Psicologia di Milano Bicocca. Nel capitolo viene descritta l'evoluzione temporale degli strumenti sperimentati, applicando il modello teorico descritto nel secondo capitolo e vengono delineati i risultati ottenuti e le implicazioni metodologiche di tale approccio all'orientamento.

Nel quarto capitolo viene descritta una seconda sperimentazione: l'applicazione dei risultati ottenuti e degli strumenti sviluppati nel corso di laurea a distanza agli studenti dei corsi tradizionali di psicologia. Nella fattispecie, il capitolo si concentra sullo sviluppo di un sistema di tutoring online in grado di fornire orientamento e supporto gli studenti mediante un forum di discussione online e alcuni strumenti tipici della formazione a distanza (blog, chat, documenti condivisi, ecc.).

Il legame tra il modello di orientamento online e il tutoring online, come proposto in queste pagine, riguarda l'utilizzo della community dei pari e lo sviluppo di uno staff professionale specificamente formato sui temi dell'orientamento e della comunicazione mediata dal computer. In tal senso il tutoring online rappresenta un'evoluzione del modello di orientamento online, specificamente applicato al supporto alla didattica, secondo un approccio interdisciplinare che si sviluppi per tutto la durata del processo formativo.

Il presente lavoro sembra applicarsi prevalentemente al contesto in cui getta le proprie basi e origini, ossia alla formazione universitaria e, nella fattispecie, alla formazione a distanza. Tuttavia, come indicato nel corso del lavoro, l'applicazione a contesti differenti è tutto sommato semplice e immediata: l'attenzione all'utente (l'approccio che viene solitamente definito *user-centered*), la centralità dell'informazione e del processo di produzione, costruzione, diffusione, condivisione e interazione connesso alla documentazione e al percorso in-formativo, l'utilizzo delle potenzialità delle nuove tecnologie sono i cardini di un modello che può essere esteso a diversi ambiti di formazione, sia in presenza, sia tradizionale e, senza troppi ostacoli, anche a contesti di orientamento professionale, sia pre-ingresso, sia in itinere, come processo di socializzazione e integrazione nel contesto organizzativo.

# Capitolo 1

## Definizione e caratteristiche dell'orientamento online

L'evoluzione dell'*Information and Communication Technology* (I.C.T.) ha coinvolto, nell'ultimo decennio, anche la metodologia didattica, innovandola attraverso tecnologie sempre più sofisticate volte all'elaborazione di nuovi obiettivi (Bonaiuti, 2006; Porteneuve, 2007). L'Università Italiana sta adeguandosi a tale sviluppo e negli ultimi anni ha prodotto interessanti iniziative di didattica non tradizionale *webenhanced* (la classica formula che prevede la sola messa online di materiali che integrano la didattica tradizionale), *blended* (ossia mista, in presenza con momenti di formazione a distanza) e, ancora meno diffuse, ma in via di sviluppo, modalità totalmente a distanza (che potremmo definire e-learning "puro").

Lo studente universitario agli inizi del nuovo millennio, come il suo docente, è immerso in una realtà didattica estremamente complessa e articolata, in spazi che frammentano l'aula tradizionale affollata da banchi, cattedra e lavagna e la spostano in una dimensione virtuale. L'esperienza didattica è estesa oltre lo spazio fisico, in un tempo sempre più rapido, ma contemporaneamente più personalizzabile e adattabile alla propria dimensione individuale. Lo studente, in questi termini, esce dall'aula tradizionale consapevole che la sera stessa, o più frequentemente "quando preferisce", potrà riprendere le fila del discorso, approfondirlo con documentazione scaricabile online, disquisire sulle tematiche che gli stanno più a cuore via forum di discussione, oppure *chattare* con i propri compagni. Inoltre, esiste la possibilità che tra i diversi interlocutori, potrà comparire il docente stesso, eventualmente fornito di tecnologie aggiuntive (ad esempio, una piattaforma online), in grado di proseguire non solo il discorso, ma l'intero processo dialettico di costruzione della conoscenza, di elaborazione e sviluppo del contenuto (Calvani & Rotta, 2000; Trentin, 2004, 1999). Si delinea in definitiva il profilo di una formazione universitaria allargata, estesa oltre il confine dei corsi tradizionali a cui siamo ampiamente abituati (Ardizzone & Rivoltella, 2003). Su un altro versante, accanto a quanto delineato per la formazione, è possibile intravedere un orizzonte differente anche per l'orientamento universitario. Se con il termine "orientare" si intende la scelta di coordinate spaziali più adatte per il raggiungimento di una meta (Biagioli, 2003, p.13), in campo universitario tale scelta richiede due differenti azioni. Da un lato, allo studente viene richiesto di raccogliere tutte le informazioni necessarie per la scelta del percorso universitario, prima, e per l'acquisizione di specifiche coordinate organizzative, didattiche, teoriche e gestionali, poi. Dall'altro lato, tale azione deve coincidere con la messa in atto di specifici strumenti, dispositivi e risorse perché tali informazioni siano accessibili e utilizzabili dallo studente stesso, e in questo caso ci riferiamo all'organizzazione, nel nostro caso, all'Università.

Con queste semplici premesse, è evidente che la strumentazione sviluppata in campo formativo possa per molti versi trascendere tale piano applicativo e riversarsi anche in tutto ciò che avviene prima (l'orientamento alla scelta), durante (supporto in itinere, assistenza amministrativa, burocratica, organizzativa, ecc.) e dopo (orientamento post lauream) la formazione universitaria stessa.

È con questo semplice passaggio che si delinea un modo di fare orientamento distinto, ossia l'orientamento a distanza, nella sua più recente declinazione online. Si tratta di una modalità di orientamento tutto sommato recente, in continua evoluzione e che da quasi un decennio si sta radicando nella prassi non solo informativa, ma anche formativa degli Atenei italiani, sebbene spesso inconsapevoli di avviare processi di questo tipo, con diverse conseguenze facilmente intuibili.

Nel corso di questo primo capitolo, cercheremo di delineare le caratteristiche, le finalità, gli strumenti dell'orientamento online, riconducendone le linee guida ad un esperienza concreta, nel prossimo capitolo, con la presentazione di uno studio di caso.

Si tenga presente, tuttavia, che alcune considerazioni generali prendono avvio e trovano applicazione nel modello di formazione a distanza. Tuttavia, le applicazioni al modello formativo tradizionale risultano tutto sommato piuttosto semplici anche a contesti formativi tradizionali, considerate le premesse descritte nel corso del capitolo.

## 1.1. Come nasce l'orientamento online

Oggi quasi tutte le Università italiane comunicano con gli studenti attraverso il web. Sui loro siti si possono trovare tutti o alcuni di questi elementi:

1. Guida dello Studente in formato digitale
2. Calendario delle lezioni
3. Calendario degli esami
4. Iniziative di supporto per gli studenti
5. Informazioni sulla laurea e sul tirocinio, o stage, quando previsti.

La strumentazione web assume pertanto un ruolo centrale nel comunicare le più importanti informazioni necessarie alla partecipazione ad un processo formativo universitario. Tale diffusione è legata indubbiamente ad una serie di cambiamenti sociali di un certo rilievo. In primo luogo, Internet consente ad un'Università di fornire in modo rapido e immediato una serie di informazioni costantemente disponibili in rete, indipendentemente dagli orari degli uffici, dal periodo dell'anno, dalla presenza di personale. In secondo luogo, tali informazioni sono disponibili per tutti gli utenti, ovunque essi si trovano, senza necessità di muoversi negli spazi fisici dell'Ateneo. In terzo luogo, grazie al web è possibile sia una comunicazione unidirezionale (università ꝺ utente), sia una comunicazione bidirezionale (università ó utente), sebbene questa, in alcuni casi, spinga l'organizzazione a perdere i vantaggi precedentemente elencati, in quanto costringe all'impiego di personale in grado di rispondere alle richieste provenienti dagli utenti (Vanin, 2006; Vanin & Castelli, 2010).

Un ulteriore aspetto, non certo marginale, risiede nella visibilità che il web offre agli Atenei: in un mercato sempre più competitivo anche a livello di istruzione universitaria, l'utilizzo di strumenti aggiornati, in linea con la realtà sociale in cui si sviluppano, diventa una priorità importante.

In tale scenario, possiamo individuare le basi dell'orientamento online che può essere definito come un processo di orientamento informativo in cui l'organizzazione didattica sfrutta il potenziale offerto dagli strumenti web per fornire indicazioni, informazioni di diverso livello (didattico, organizzativo, burocratico, ecc.) e per fornire supporto ai propri utenti (nel nostro caso specifico gli studenti). In tale processo è possibile individuare differenti stadi di orientamento (Vanin, 2006; Vanin & Castelli, 2010) e diverse tipologie di dispositivi.

Possiamo quindi affermare che l'orientamento online è una pratica attualmente assai diffusa nella realtà educativa nazionale, sebbene per molti versi possa essere definita implicita, inconsapevole e spesso non strutturata. Con il termine *implicita* ci riferiamo a quanto più sopra indicato: sono moltissimi gli Atenei che utilizzano strumenti online per comunicare con gli studenti, ma non definiscono tale pratica come orientamento online. Tale aspetto è spesso legato alla seconda caratteristica, ossia l'*inconsapevolezza* di adottare un modello di orientamento assai differente da quanto accadeva anche solo un decennio fa, per non parlare di tradizioni ben più distanti. E, infine, *non strutturata* in quanto spesso dettata da una pratica e un'esperienza per alcuni versi *naiv*, cresciuta con la pratica informativa dell'organizzazione stessa, ma non delineata sulla base di programmi, modelli e strumenti omogenei e inseriti in un sistema integrato.

In tal senso, le Università *fanno* orientamento online, o spesso ci provano, ma non dispongono di un programma unico, in grado di raccogliere i potenziali iscritti, indirizzarli verso una scelta mirata del percorso formativo e, successivamente supportarli durante il percorso formativo, sfruttando le potenzialità di un sistema *web based*.

Dal punto di vista teorico, come già accennato nelle precedenti pagine, l'orientamento online ha origine da due matrici ben distinte.

Da un lato riconosce e condivide obiettivi e finalità di alcune specifiche tipologie di orientamento tradizionale, mentre dall'altro assume alcune forme e condivide gli strumenti della formazione a distanza. In tal senso possiamo individuare quattro dimensioni sostanziali su cui si basa l'evoluzione di questo modello, come indicato nella figura 1 seguente:

1. Orientamento tradizionale;
2. Orientamento informativo;
3. Orientamento supportato dal computer;
4. Formazione a distanza.

Nell'immagine seguente, vengono rappresentate queste quattro dimensioni e i punti di contatto che meglio determinano, spesso per differenza, piuttosto che analogia, il modello di orientamento online. Tali specificità sono rappresentate da:

1.  Il ruolo dell'informazione
2.  L'oggetto e il processo di orientamento online
3.  Gli obiettivi e le figure professionali coinvolte nel processo
4.  I bisogni, l'attenzione per l'individuo e gli strumenti.

Entriamo nel merito di ognuno di questi aspetti.

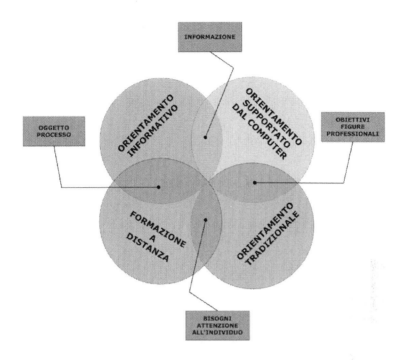

*Figura 1 - Le origini dell'orientamento online*

## 1.2. Caratteristiche dell'orientamento tradizionale

In letteratura si evidenziano due aspetti dell'orientamento tradizionale: da una parte, "il processo che la persona mette in atto spontaneamente per gestire il proprio rapporto con l'esperienza formativa e lavorativa" e, dall'altro, "l'azione professionale che viene erogata da esperti per supportare in modo positivo la capacità di far fronte a questo processo da parte del soggetto" Pombeni (1996, p. 9). Anche Guichard e Huteau (2003) mettono in risalto questa duplice dimensione.

Oltre ad alcuni aspetti definitori, l'orientamento online condivide anche diversi elementi sostanziali dell'orientamento tradizionale, in particolare con l'orientamento informativo, che qui delineiamo in estrema sintesi, rinviando a testi specifici.

In primo luogo, emerge l'esigenza di fornire al soggetto in fase di decisione tutti gli elementi fondamentali per operare la scelta (Guichard & Huteau, 2003; Pombeni, 1996): l'orientamento online si pone il medesimo scopo, ossia presentare tutte le informazioni necessarie per consentire all'individuo di scegliere il percorso più adatto per le proprie esigenze e aspettative. La differenza sostanziale risiede negli strumenti e nelle modalità con cui tale processo viene attuato, prevalentemente a distanza.

In secondo luogo, i soggetti del processo di orientamento sono tutto sommato analoghi, distinguendo tra *orientatore* (si veda nel prossimo capitolo, la declinazione delle competenze e dei profili professionali) e *soggetto* del processo. Tuttavia, in questo caso, poiché l'orientamento informativo online risulta un processo per molti versi aperto e non esclusivo (ad esempio, per quanto concerne l'elaborazione del materiale informativo online, "depositato" nel web e accessibile potenzialmente da un numero infinito di utenti), paradossalmente si potrebbe stemperare tale relazione e assumere in alcuni casi la forma pochi-a-molti, rispetto al tradizionale uno-a-uno oppure uno-a-pochi, nel caso dell'orientamento di gruppo.

Infine, possono riscontrarsi alcune corrispondenze per quanto riguarda il processo generale che, in alcuni elementi, riprende quanto avviene in senso più ampio durante i processi formativi (Biagioli, 2003; Di Nuovo, 2003). In linea generale, rinviando al paragrafo 1.9 di questo capitolo (pag. 39 e segg.) per una lettura più completa del processo di orientamento online, l'analisi del bisogno di orientamento, la progettazione o almeno la strutturazione del processo orientativo, l'esecuzione e la successiva valutazione possono essere riscontrati anche nella modalità online, sebbene esistano alcuni limiti nel reperimento di alcune informazioni via web (Hardré, Crowson, Xie, & Ly, 2007; Reynolds, Woods, & Baker, 2007).

## 1.3. Un modello tradizionale: l'orientamento informativo

Per definire il modello di orientamento online possiamo prendere spunto da due modelli tradizionali: quello di orientamento informativo e quello dell'orientamento supportato da computer. Nel caso di orientamento informativo (C. Castelli, 2002) è l'informazione l'elemento cruciale del processo decisionale e, parlando di formazione universitaria, del processo formativo. L'evoluzione della tecnologia e la conseguente maggiore accessibilità dell'informazione grazie al web ha portato alla valorizzazione dell'unità informativa, richiedendone la massima completezza e affidabilità. In tal senso, risultano ancora valide le indicazioni fornite dall'autrice (C. Castelli, 2002, pp. 167-168) e le precauzioni nell'elaborazione dell'impianto informativo. In primo luogo, l'autrice ricorda come l'informazione sia ben distinta dalla semplice documentazione: "nel primo caso, in sostanza, si fa riferimento ad un bagaglio di conoscenze e metaconoscenze mirate e concretamente utili per il destinatario delle stesse; nel secondo caso si tratta di un semplice 'deposito di conoscenze'". Un secondo rischio riguarda l'utilizzo dell'informazione stessa, intesa non come fine del processo, bensì come mezzo per consentire ai potenziali iscritti di compiere una scelta più accurata, assumendo il ruolo di strumento "che permette all'individuo di gestire al meglio certe situazioni di auto-orientamento per intraprendere con maggiore consapevolezza" il percorso universitario. Infine, l'orientamento informativo deve tendere il più possibile ad essere personalizzato e diversificato, cercando di adattarsi ai bisogni e ai valori delle persone, fornendo più strade e modalità alternative di scelta.

A tali indicazioni vanno aggiunte alcune specifiche dell'orientamento online, ossia la necessità di badare all'aspetto ergonomico dell'informazione, alla sua accessibilità e usabilità (Calvani, 2002; Re, 1995), all'univocità del materiale (ossia, evitare che un'informazione compaia in diversi posti, con il rischio che l'aggiornamento di una non comporti necessariamente l'aggiornamento dell'altra, con la conseguente creazione di ambiguità e possibili errori), alla creazione di percorsi alternativi (ad esempio telefonici) per poter reperire la medesima informazione.

## 1.4. Il secondo modello tradizionale: l'orientamento supportato dal computer

In questo modello l'orientatore classico è sostituito da un software che raccoglie ed elabora le informazioni fornite dall'utente, per poi proporre varie opzioni tra cui l'utente può scegliere.

La somiglianza tra questo modello e quello dell'orientamento online consiste nell'uso del computer come strumento di interazione e nel fatto che entrambi i modelli si collocano nell'ambito della Computer Mediated Communication (Lapadat, 2002; Luppicini, 2007; Wesson & Gogus, 2005; Wood & Smith, 2005). La differenza, invece, è che nell'orientamento online il computer non interviene nel processo di elaborazione dell'informazione.

L'orientamento online si pone l'obiettivo di fornire informazioni a distanza, sfruttando le potenzialità del web, secondo diverse modalità interattive che verranno descritti nel corso del presente lavoro.

Tale aspetto informatico si congiunge con la seconda dimensione individuata, ossia la formazione a distanza, da cui eredita diversi strumenti, obiettivi, modalità interattive.

## 1.5. La FAD

La FAD (formazione a distanza) è una realtà educativa caratterizzata dalla separazione geografica e temporale di docenti e allievi e da una comunicazione mediata in costante evoluzione (Calvani & Rotta, 2000; Trentin, 1999).

La storia della FAD si sviluppa parallelamente alle tecnologie della comunicazione, partendo dai corsi per corrispondenza, passando per l'emissione televisiva e radiofonica, sino a giungere all'introduzione delle reti telematiche e di internet che hanno consentito la creazione di vere e proprie classi virtuali (Bonaiuti, 2006; Ligorio, Cacciamani, & Cesareni, 2006; Ranieri, 2005).

Esistono diverse modalità di erogazione della FAD che, semplificando molto la tematica, dipendono dalla diversa composizione di due dimensioni fondamentali.

Da un lato, la diversa proporzione di presenza e distanza, che produce un continuum dalla formazione tradizionale (esclusivamente in presenza), al blended learning (modalità mista) sino all'e-learning che potremmo definire puro (solo distanza).

Dall'altro lato, una seconda dimensione riguarda l'aspetto temporale, distinguendo tra modalità sincrone, in cui le persone operano e agiscono negli ambienti interattivi nello stesso momento (come nel caso delle chat), rispetto alla modalità asincrona, in cui l'inserimento del proprio contributo non determina necessariamente un'immediata risposta (come nel caso dei forum di discussione e dei blog).

*Figura 2 – Formazione a distanza – Le dimensioni fondamentali*

Nel corso delle prossime pagine individueremo due prospettive dell'orientamento online particolarmente adatte al contesto universitario (dal quale, oltretutto, provengono, S. Castelli, Vanin, & Brambilla, 2006; Vanin, 2006; Vanin, Castelli, Pepe, & Addimando, 2008), ma allo stesso tempo applicabili a contesti formativi alquanto differenti per struttura, obiettivi, tipologia di discenti e strumenti didattici.

Si tratta, nello specifico, di individuare all'interno del processo formativo quali sono le fasi fondamentali di accesso al sistema didattico (qui descritto come struttura a stanze, o stadi) e declinare le diverse azioni di orientamento online sulla base di tale graduale accesso, distinguendo all'interno delle singole azioni obiettivi e strumenti idonei.

## 1.6. Il modello generale di orientamento online

Tale modello fa tesoro delle esperienze maturate in altri modelli orientativi e, in più, fa proprio l'orientamento a stadi e il modello di orienting, preparing e supporting, oggetto dei prossimi due paragrafi.

Come illustrato in Figura 3, le principali dimensioni dell'orientamento online possono essere ricondotte all'oggetto del processo, che verrà descritto nel dettaglio nel paragrafo 1.9 di questo capitolo), agli obiettivi fondamentali, alle figure coinvolte e agli strumenti utilizzati.

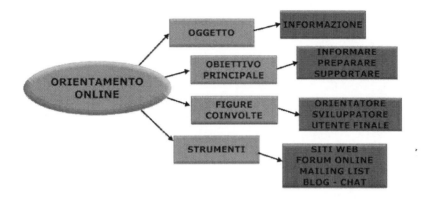

*Figura 3 – Le dimensioni dell'orientamento online*

L'orientamento online si pone l'obiettivo principale di fornire informazioni ai potenziali iscritti a un corso di laurea (o più in generale ai potenziali utenti di un sistema organizzativo e didattico), fornendo lo scenario più completo e ampio possibile. Tale orientamento, come si vedrà più in dettaglio nei paragrafi successivi, si declina in diversi stadi informativi (S. Castelli et al., 2006; Vanin, 2006) e, in sostanza, risponde a tre differenti esigenze:

1. Orientare, ossia fornire le coordinate necessarie per compiere la scelta iniziale
2. Preparare, ossia fornire le indicazioni necessarie per affrontare eventuali gap che lo studente potrebbe avere prima di intraprendere il percorso formativo, in termini di conoscenze e competenze
3. Supportare, ossia offrire un sostegno per l'intera durata del processo formativo.

Per quanto riguarda l'oggetto dell'orientamento online, anche sulla base di quanto indicato nelle pagine precedenti, è possibile concentrarsi sull'informazione, come fulcro centrale. L'orientamento online si declina, pertanto, come orientamento prevalentemente informativo (sebbene alcuni suoi aspetti possano essere facilmente applicati ad altri contesti).

Contrariamente a quanto alcuni sostengono (Biagioli, 2003, p. 164), non è fondamentale "l'erogazione del maggior numero possibile di informazioni", bensì un sistema omogeneo, chiaro e semplice di informazioni. Non si tratta quindi di quantità, ma di qualità e struttura dell'informazione.

L'informazione deve presentare alcune caratteristiche, spesso descritte in letteratura in merito agli aspetti ergonomico-cognitivi (Krug, 2006; Lazonder, Biemans, & Wopereis, 2000; Nielsen & Loranger, 2006; Re, 1995), agli aspetti processuali e progettuali (Bull & McCalla, 2002; Chevalier & Kicka, 2006; Ingram, 2002; Nielsen, 2001; Van Gog, Kester, Nievelstein, Giesbers, & Paas, 2009) e alle dimensioni interattive (Andrea & Carsten, 2007; Blythe, 2001; Brown, 2001; Chou, 2003; Lapadat, 2002; Recabarren, Nussbaum, & Leiva, 2008; Zeldman, 2003).

In linea generale, progettare un sistema informativo che rispetti tali indicazioni comporta la necessità di elaborare un'informazione che sia:

- Corretta
- Chiara e semplice
- Utile
- Facilmente accessibile ed usabile
- Unica e non duplicata
- Aggiornata
- Integrata in un processo informativo più ampio (ossia legata ad altre informazioni analoghe)
- Facilmente reperibile
- Graduale (da un livello generale e semplice, ad un livello più specifico e complesso)
- Condivisibile (ossia facilmente comunicabile a terzi)

Esistono poi alcuni requisiti che potrebbero essere definiti "ergonomici" (Krug, 2006; Nielsen & Loranger, 2006; Re, 1995) nella modalità di comunicazione dell'informazione. Ecco alcuni aspetti che possono ormai essere considerati imprescindibili per un corretto orientamento nell'era del web di ultima generazione (Bonaiuti, 2006; Porteneuve, 2007):

• Data d'inserimento, ultimo aggiornamento e validità dell'informazione;
• Riferimenti e indirizzi per aggiornamenti e comunicazioni (quando possibile)
• Link ad informazioni analoghe
• Tag, categorie, parole chiave e tassonomie che permettano all'utente una navigazione libera nei contenuti
• Indicazione del punto in cui l'utente si trova
• Possibilità di ricerca di contenuti
• Possibilità di stampare, inviare, condividere l'informazione

Dal punto di vista dei soggetti coinvolti nell'orientamento online, possiamo distinguere almeno tre tipologie:

1. Orientatore, o progettista, ossia la figura professionale che si occupa della definizione dei percorsi di orientamento, degli strumenti online utilizzati, ecc.
2. Lo sviluppatore, ossia la figura professionale che concretamente realizza quanto progettato e lo dispone online
3. L'utente finale, nel nostro caso, lo studente.

Risulta evidente che si tratta di una semplificazione forzatamente riduttiva, in quanto le figure professionali coinvolte in un processo di orientamento online possono essere molteplici. A titolo d'esempio facciamo riferimento alle diverse agenzie e operatori che a vario titolo si occupano di produrre, diffondere e aggiornare le informazioni in un sistema didattico complesso come quello universitario, prime fra tutte le segreterie e i diversi uffici amministrativi di Ateneo.

29

Le tre figure indicate, sebbene le prime due possano anche coincidere, sono quelle essenziali perché sussista un sistema di orientamento online.

Per quanto concerne, infine, gli strumenti utilizzati la scelta ricade (come si vedrà nel capitolo successivo) sull'intera gamma di opzioni e dispositivi online in grado di mettere in comunicazione a distanza lo studente e il sistema didattico. Da questo punto di vista, accanto a quanto indicato nella figura 2, possiamo individuare due differenti dimensioni, due continuum che definiscono le caratteristiche degli strumenti utilizzati. La prima dimensione è quella dell'interattività: in questo caso gli estremi sono rappresentati dagli strumenti statici, che presentano l'informazione ma non richiedono uno scambio solo del primo tipo individuato nel secondo paragrafo, ossia Università ð Studente e, al polo opposto, gli strumenti interattivi che possono prevedere uno scambio bidirezionale Università ó Studente. Esempi del primo tipo sono i siti web e le raccolte di domande frequenti (Burnett & Bonnici, 2003; Harksooa & Jungyunb, 2005; Liang, Zhao-Xiong, & He-yan, 2008; Savetz, 1996), mentre esempi del secondo tipo sono blog, chat, forum di discussione.

La seconda dimensione è associata al tempo di risposta e alle modalità con cui tale interazione può avvenire. Riprendiamo quindi i due poli opposti dell'asse sincrono\asincrono, proprio ad indicare i differenti tempi di accesso all'informazione che possono mettere nello stesso istante in contatto orientatore e studente (sincrono) oppure prevedere tempi più dilatati (asincrono).

Nel successivo capitolo verranno descritti nel dettaglio gli strumenti utilizzati nell'orientamento online e delineate le principali funzioni di ognuno di essi.

## 1.7. Il sistema di orientamento a stanze

La formazione a distanza ha giocato un ruolo importante nell'elaborazione di un modello di orientamento online (S. Castelli et al.,

2006; Cesareni et al., 2008; Vanin, 2006; Vanin, Brambilla, & Castelli, 2005b; Vanin & Castelli, 2010; Vanin et al., 2008), considerato che in tale settore viene riservata particolare attenzione alle possibili difficoltà che lo studente può incontrare (Andrea & Carsten, 2007; Bozarth, Chapman, & LaMonica, 2004; Frazee, 2002; Frieden, 1999; Jones & Laffey, 2002; Lynch, 2001; Moshinskie, 2002).

In letteratura, il momento dell'accesso al sistema didattico viene considerato molto delicato e in grado di influenzare significativamente l'intera esperienza accademica e formativa (S. Manca & Vanin, 2010a). Si tratta, tuttavia solo di uno dei possibili stadi di accesso al sistema didattico, che inizia con l'immatricolazione (nel caso dell'Università, o dell'iscrizione nel caso di sistemi didattici diversi) e termina con l'uscita dal percorso didattico, uscita che può essere la laurea (o il termine del processo formativo) oppure, nel peggiore dei casi, l'abbandono (Booker & Rebman, 2005; Kotsiantis, Pierrakeas, & Pintelas, 2003).

In questi termini, il passaggio dello studente all'interno del sistema didattico può essere letto come graduale passaggio attraverso diverso stadi, o simboliche stanze e in funzione del diverso grado di informazione richiesta, tali passaggi necessitano di strumenti *ad hoc* per orientare lo studente[1].

Come indicato nella figura 3, a seconda della "stanza" in cui lo studente si trova, a partire dall'orientamento iniziale sino all'uscita, vengono predisposti strumenti specifici in grado di fornire informazioni e orientamento gradualmente adeguati al livello di inserimento nel mondo universitario.

---

1    Il modello presentato in queste pagine rappresenta l'evoluzione di quanto indicato in (S. Castelli et al., 2006)

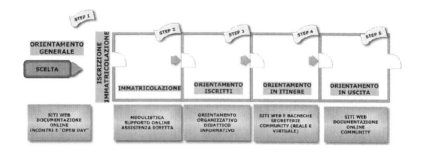

*Figura 4 – Il sistema di orientamento a stanze*

Possiamo distinguere pertanto differenti gradi di orientamento a disposizione degli utenti (o potenziali iscritti) e degli studenti, indicati in figura come successivi *step* (S. Castelli et al., 2006; Vanin & Castelli, 2010).

In primo luogo, a seconda dei contenuti trattati, è importante distinguere fra informazioni prevalentemente statiche (struttura generale del corso, modalità di ammissione\iscrizione, informazioni generali sugli aspetti didattici e burocratici) e informazioni che richiedono aggiornamenti in tempo reale (date e aule degli appelli, bacheche e avvisi, risposte a domande non previste dalla guida, ecc.). Per la prima "stanza", la letteratura sul tema (Guglielmino & Guglielmino, 2003; Piskurich & Piskurich, 2003; Redding, 2003) sembra suggerire l'importanza di informazioni esaurienti e chiare, piuttosto che interattive: diventa prioritario, pertanto, costruire siti internet accessibili e usabili e progettare brochure e documentazione facilmente scaricabili dalla rete (Nielsen, 2000, 2001; Nielsen & Loranger, 2006; Re, 1995; Visciola, 2000).

A questo primo livello, le F.A.Q. (Frequently Asked Questions, ossia la raccolta di tutte le domande più comuni con le relative risposte) sono tra gli strumenti più diffusi in rete, accanto alle tradizionali pagine web. In realtà, questo non sembra essere lo strumento più adatto: nella progettazione e nella realizzazione (e di conseguenza nel futuro utilizzo) di una F.A.Q. si presuppone che l'utente abbia già una chiara idea di quali domande porre, ma al primo contatto e, presumibilmente, anche negli stadi successivi, la limitata conoscenza del sistema universitario e, in particolare del modello a distanza, richiede informazioni più discorsive, per alcuni versi tradizionali: un documento testuale (o iper-testuale) può fornire in modo completo tutte le informazioni, risultando anche più accogliente di una batteria di domande-e-risposte che dovrebbero risolvere i dubbi dell'utente.

Per quanto riguarda l'orientamento online, questo primo passaggio rappresenta un campo di applicazione particolarmente adatto. La crescente diffusione della banda larga che ha caratterizzato il nostro paese negli ultimi anni (Liscia, 2007), infatti, consente alla maggior parte dei potenziali iscritti ad un corso di laurea di accedere in modo rapido e autonomo a tutte le informazioni disponibili. Tale relativa semplicità (Fata, 2004; Lee, 2001) si concilia con le diverse modalità di accesso alle risorse online, con i tempi e i modi di utilizzo delle nuove tecnologie e per alcuni versi può ridurre alcuni disagi e difficoltà di particolari tipologie di studenti (ad esempio, studenti a distanza, studenti-lavoratori, studenti diversamente abili, ecc.).

La seconda stanza parte dal presupposto che l'utente abbia già compreso le caratteristiche del corso e sia orientato ad iscriversi. In questo caso, le informazioni possono ancora essere agevolmente racchiuse in strumenti statici, contenenti tutte le indicazioni relative al test d'ammissione e all'iscrizione e immatricolazione. Già a questo stadio è possibile utilizzare una F.A.Q., in quanto l'orientamento è ad uno stadio più avanzato e le informazioni sono relativamente contenute e semplici. Tuttavia, è altresì utile, in questa fase, iniziare a predisporre strumenti maggiormente interattivi, come supporto online (via mail, forum, chat, blog) o anche vocale (numeri dedicati, sportelli telefonici, ecc.).

Completate le procedure relative al test d'ammissione e all'immatricolazione, lo studente si trova immerso in una realtà assai complessa e spesso differente dalle precedenti esperienze formative. A titolo d'esempio, se è immediato immaginare il divario tra Università e scuola secondaria, non vanno sottovalutate le possibili differenze cui va incontro un potenziale iscritto ad una seconda laurea, soprattutto quando questa segua di diversi anni la precedente.

A partire da tali osservazioni, la terza stanza, ossia l'ingresso stabile nel sistema universitario, prevede l'integrazione degli strumenti precedentemente realizzati con ulteriori spazi virtuali, completi, interattivi, eventualmente sincroni, in cui lo studente non venga solo orientato, ma trovi supporto continuo sia informativo, sia relazionale.

In questa terza fase, mailing list, forum dedicati, chat, risultano fondamentali per la relazione tra tutti i soggetti coinvolti (studenti, tutor, docenti, segreterie) e devono integrarsi con una F.A.Q. costantemente aggiornata, con siti web che forniscano sia informazioni statiche, sia avvisi e bacheche aggiornate in tempo reale.

Le medesime attenzioni devono essere previste per l'intero processo formativo, con un costante supporto informativo, organizzativo, sociale. In tal senso, gli strumenti del web di seconda generazione web 2.0 (Bonaiuti, 2006; Porteneuve, 2007) favoriscono la progettazione e realizzazione delle interfacce e dei sistemi di supporto e la crescente diffusione dell'*opensource* (Chesbrough, Vanhaverbeke, & West, 2006) permette di contenere i costi e non incidere, da questo punto di vista sulla didattica.

L'ultima stanza riguarda l'uscita dal sistema universitario e include tutto ciò che concerne il tirocinio, la prova finale, la discussione della prova finale. In questa fase, l'aspetto più importante è la capacità di fornire informazioni chiare, univoche e complete, e risulta relativamente secondario il ricorso a strumenti interattivi specifici; quelli utilizzati nella terza stanza possono essere sufficienti.

Il modello a stanze più sopra descritto rappresenta uno schema facilmente applicabile a qualsiasi contesto formativo (sia tradizionale, sia con importanti componenti online) in cui si renda necessario un graduale orientamento. L'accento è proprio posto sulla gradualità, ossia il progressivo passaggio in livelli sempre più articolati e complessi di orientamento informativo.

Tale prospettiva può essere ulteriormente ampliata nel momento in cui si renda necessario anche la pre-formazione (o *meta-formazione*, in

S. Castelli et al., 2006; Vanin, 2006), ad esempio per quanto riguarda specifiche competenze didattiche, tecnologiche o interattive e, qualora, fosse necessario adottare specifiche strategie di supporto in itinere agli studenti. In tal caso, il modello assume altre misure e, pur conservando il criterio fondamentale della gradualità, si concentra su altri aspetti, come descritto nel prossimo paragrafo.

## 1.8. L'orientamento online integrato al processo formativo: orienting, preparing e supporting

Il sistema di orientamento a stanze si rivela molto efficace per processi formativi che abbracciano un intervallo temporale importante, come percorsi universitari o master post lauream, ma può essere applicato validamente anche a processi formativi brevi e a contesti non didattici, per esempio all'orientamento professionale (Guichard & Huteau, 2003; Kidwell, Freeman, Smith, & Zarcone, 2004). La proposta di queste pagine mira ad estendere quanto sinora descritto ad ambiti in cui sia necessario un orientamento informativo in grado di andare oltre la semplice documentazione e rispondere a diverse tipologie di bisogno di orientamento. In questi termini, l'orientamento informativo online esposto in queste pagine si delinea come importante fase preliminare al tradizionale percorso formativo (che in altri contesti non esclusivamente universitari viene sintetizzato come analisi dei bisogni, progettazione, realizzazione e valutazione, G. P. Quaglino, 2005), dispositivo generale in cui distinguiamo almeno tre passaggi, caratterizzati dalle azioni di *orienting, preparing* e *supporting*.

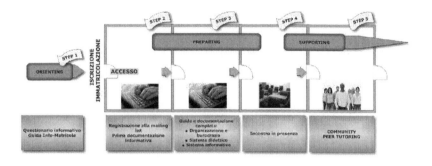

*Figura 5 – Orientamento informativo online come sistema integrato di inserimento del potenziale iscritto nell'organizzazione universitaria.*

La prima fase (*orienting*) concerne la capacità del sistema didattico di fornire allo studente tutte le informazioni che lo mettano in grado di decidere in modo autonomo a quale corso di laurea iscriversi, secondo quali modalità, con quali aspettative, ecc. (Gresh & Mrozowski, 2000; Luck, 2000; Lynch, 2001; Scagnoli, 2001; Vanin et al., 2005b). L'accento si sposta lungo un asse che unisce l'aspetto organizzativo-didattico (caratteristiche del corso, differenze da quello tradizionale, strumenti utilizzati, valore del titolo, modalità di erogazione dei servizi, ecc.) e l'aspetto individuale relativo allo studente stesso, con particolare attenzione ai requisiti richiesti, al profilo medio del potenziale iscritto (in termini di competenze tecniche e informatiche, di auto-regolazione e *self-management*, di accesso alle risorse didattiche, di capacità di interagire anche a distanza con gli altri attori del processo formativo, ecc.).

L'*orienting* si pone, pertanto, l'obiettivo di informare lo studente su entrambi gli aspetti, sull'organizzazione del corso di laurea come sulle attese nei confronti dei propri iscritti, mettendo in evidenza esplicitamente cosa ci si aspetta dallo studente (come deve essere inizialmente, in termini di requisiti minimi e di profilo formativo allargato, in Vanin, Castelli, & Brambilla, 2007), quali sono le potenzialità di sviluppo del processo formativo (*quale sarà il risultato che può ottenere al termine del processo formativo*, anche per quanto concerne gli sbocchi professionali, le competenze personali e professionali) e qual è l'architettura complessiva del sistema (*per raggiungere tali obiettivi, come lo studente dovrà interagire con gli altri soggetti coinvolti*, soggetti che possono essere fisici – docenti, tutor, studenti, personale universitario – ma anche "immateriali", istituzionali, burocratici, amministrativi – la segreteria studenti, l'ufficio tirocini, ecc.).

Tali informazioni possono adeguarsi al modello didattico a distanza e prediligere mezzi di comunicazione online, escludendo la necessità di presenza fisica presso l'Ateneo e, dal punto di vista più operativo, devono essere univoche, chiare, concrete e operative, oltre che funzionali dal punto di vista ergonomico-cognitivo, in termini di accessibilità e usabilità (Chou, 2003).

La seconda fase (*preparing*) riguarda la necessità di fornire allo studente gli strumenti e le competenze informative, didattiche e tecnologiche che gli permettano di colmare il gap tra le caratteristiche individuali e la struttura didattico-organizzativa cui accede (Bozarth et al., 2004; Hoffman, 2002; Jones & Laffey, 2002; Piskurich, 2003). Si tratta di una meta-formazione (S. Castelli, Vanin, & Brambilla, 2005b), spesso lasciata in secondo piano con l'illusione che sia la continua esposizione al sistema stesso o l'interazione con i pari a colmare eventuali lacune, a permettere allo studente di mettersi al pari con i requisiti minimi richiesti e di non perdere tempo prezioso a inseguire uno standard non definito o, comunque, non sempre esplicito.

Se nella prima fase, l'orienting online presenta (tramite gli strumenti che utilizza, prevalentemente *web-based*), un'implicita indicazione, una forma di *imprinting*, della centralità di Internet, dell'interazione a distanza in generale, dell'importanza dell'autonomia dello studente nel saper reperire le informazioni e dell'essere in grado di utilizzare gli strumenti informatici, in questa seconda fase (*preparing*) tali indicazioni diventano esplicite e, in parte, si integrano con la necessità anche di fornire spazi e strumenti dell'orientamento tradizionale.

Ci riferiamo, quindi, a una fase "cuscinetto", un *buffer* in cui vengono predisposti momenti di addestramento all'uso degli strumenti informatici, tecnici e didattici, (DeRouin, Fritzsche, & Salas, 2004;

Gervedink Nijhuis & Collis, 2005; Lynch, 2001; Moshinskie, 2002; Piskurich, 2003) eventualmente in presenza (qualora si rendesse indispensabile per il basso profilo tecnico degli studenti), oppure integrato in materiali e guide online, facilmente reperibili dagli studenti stessi, puntando quindi su un processo preliminare di autoformazione.

L'obiettivo è la riduzione di eventuali resistenze nei confronti dei fattori tecnologici (Frazee, 2002; Frieden, 1999), fornendo gli strumenti operativi e, soprattutto, risolvendo i problemi tecnici, per permettere e facilitare la successiva costruzione e condivisione della conoscenza.

Un'accoglienza, per così dire, *soft* può predisporre negli studenti un atteggiamento positivo nei confronti del sistema didattico stesso: la riduzione del gap tra il profilo dello studente e le richieste da parte del sistema didattico avviene tramite graduale acquisizione di conoscenze e competenze prima che le stesse si rendano necessarie. Detto altrimenti, gli studenti imparano ad usare gli strumenti interattivi, prima di doverli realmente utilizzare per gli scopi del processo didattico, imparano a muoversi agilmente nel sistema didattico prima di aver concreto bisogno di farlo.

L'ultima fase, che copre l'intero percorso formativo, concerne il *supporting*, ossia la necessità di fornire supporto costante in ogni fase dell'erogazione della didattica (Bozarth et al., 2004; S. Castelli et al., 2005b; DeRouin et al., 2004; Edwards & Fintan, 2001; Frieden, 1999; Gao, Baylor, & Shen, 2005; Lee, 2001; Lynch, 2001). In questo caso, ci riferiamo alla necessità di adattare continuamente il sistema didattico e l'infrastruttura tecnologica (in particolare, gli strumenti utilizzati, i modelli pedagogici adottati, i tempi e i modi dell'interazione) alle esigenze dei soggetti coinvolti e, dall'altra parte, di creare le condizioni necessarie perché questi possano usufruirne in modo ottimale.

Esemplificando, è possibile immaginare come la graduale applicazione di una successione di strumenti a uno specifico contesto didattico (ad esempio, il passaggio dall'uso della semplice mail, a un forum di discussione, a una chat e, infine, a una piattaforma online integrata con forme di videoconferenza) debba tenere conto, innanzitutto, delle esigenze e della realtà dei soggetti coinvolti, esplorando per tempo la disponibilità e reperibilità della relativa strumentazione, la capacità di configurazione e di utilizzo e, soprattutto, metta a disposizione personale specializzato in grado di fornire supporto tecnico logistico, da un lato, e documentazione online, reperibile e utilizzabile in ogni fase del processo formativo, dall'altro.

## 1.9. Il processo di sviluppo dell'orientamento online

Il processo di sviluppo di un sistema di orientamento online si può delineare sulla base di diversi contributi presenti in letteratura nel campo della formazione (Baldassarre, Zaccaro, & Ligorio, 2002; Battistelli, Majer, & Odoardi, 1997; Bruscaglioni, 1997; Carli & Paniccia, 1999; Fraccaroli, 1998; Monasta, 2005; G. P. Quaglino, 2005; G. Piero Quaglino & Carrozzi, 1998), dell'orientamento (Amoretti & Rania, 2005; Avallone, 2002; C. Castelli, 2002; S. Castelli, 2007; Di Nuovo, 2003; Pombeni, 1996, 2009; Vanin et al., 2005b; Vanin & Castelli, 2010) e della formazione a distanza (Bruschi & Ercole, 2005; S. Castelli et al., 2006; DeRouin et al., 2004; Piskurich, 2003).

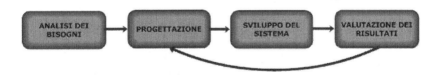

*Figura 6 – Il processo di sviluppo di un sistema di orientamento online*

Il processo di sviluppo prende avvio da un'analisi dei bisogni che, nel caso dell'orientamento online deve essere interpretata in senso più ampio rispetto a quanto accade, a titolo d'esempio, nella formazione degli adulti (Battistelli et al., 1997; Bruscaglioni, 1997; G. P.

39

Quaglino, 2005). Nell'ambito di processi di orientamento online, infatti, le dimensioni da tenere in considerazione sono almeno due. Da un lato il sistema didattico è composto (come si vedrà nel prossimo capitolo) da sotto dimensioni di una certa importanza, tra cui spiccano la dimensione organizzativa, la dimensione informativa e la dimensione didattica. Con il primo aspetto, facciamo riferimento alla necessità di considerare la struttura organizzativa nel suo complesso, inteso come insieme di aspetti sociali, culturali, amministrativi, economici, fisici e tecnologici (Hatch, 1999). Con la dimensione informativa facciamo riferimento ad un'analisi di quanto l'organizzazione già compie per informare i propri studenti, dei percorsi che uno studente deve compiere per raggiungere i propri scopi in termini di orientamento tra le risorse disponibili, reperimento delle informazioni, raccolta della documentazione, ecc. Infine, con l'analisi della dimensione didattica, facciamo riferimento alla necessità di individuare, sempre per quanto riguarda la struttura universitaria la gamma di informazioni che devono essere gestite per quanto riguarda orari, scadenze, aspetti amministrativi, richieste didattiche, ecc.

*Figura 7 – Le dimensioni dell'analisi dei bisogni*

Tale analisi mira alla costruzione di uno scenario di partenza, su cui basare le fasi successive e la domanda che prevale in questa direzione concerne la mole di informazioni che l'università deve fornire allo studente per metterlo nelle condizioni di raggiungere i propri obiettivi formativi.

Sull'altro versante, l'analisi dei bisogni riguarda il destinatario finale di tale processo in una prospettiva user-centered (Blythe, 2001; Chevalier & Kicka, 2006; Lazonder et al., 2000; Nielsen, 2001): lo studente. Il primo aspetto che emerge in tale analisi concerne i differenti livelli di accesso al sistema (Vanin, 2006; Vanin & Castelli, 2010) da un lato, e le differenti tipologie di richieste che possono essere inviate all'Università, dall'altro (S. Castelli et al., 2006; Vanin et al., 2005b). Gli studenti, ormai è consolidato in letteratura, presentano differenti tipologie di bisogni a seconda del grado di accesso al sistema didattico: risulta evidente che i potenziali iscritti hanno una conoscenza del sistema didattico tanto ridotta da richiedere determinati strumenti informativi e una grande attenzione alla semplicità e completezza di tali informazioni. D'altra parte, le richieste degli studenti già iscritti è centrato su esigenze organizzative e, per così dire, di sopravvivenza nel sistema didattico completamente distinte. Un ulteriore distinzione, infine, non riguarda esclusivamente i problemi di accessibilità e usabilità inerenti agli utenti diversamente abili, ma riguarda specifiche esigenze manifestate da studenti in determinate fasi del proprio percorso formativo: studenti che hanno terminato gli esami e devono richiedere la tesi, che devono presentare il proprio piano di studi, attivare un tirocinio o uno stage obbligatori, superare determinate richieste didattiche, ecc. si tratta di bisogni eterogenei per i quali devono essere individuati specifici percorsi di orientamento.

Tali dimensioni risultano fondamentali nella successiva fase di progettazione del sistema di orientamento online, assumendo il ruolo di guida di ogni seguente azione.

Dal punto di vista progettuale (Baldassarre et al., 2002; Bruschi & Ercole, 2005; Kahn, 2004; Monasta, 2005; Vanin et al., 2005b), le precedenti istanze si declinano in un'attenzione particolare a tre dimensioni fondamentali. Da un lato, a partire dalla precedente analisi, è necessario stabilire l'aspetto tecnico, per quanto riguarda gli strumenti, sia hardware (server, computer, ecc.) sia software (piattaforme, spazi web e CMS, ossia Content Management System per la gestione delle informazioni, tool online per l'interazione a distanza, ecc.). tale strumentazione deve essere progettata con un ottica di sistema, compiendo lo sforzo di disegnarne funzioni, attività, interazioni sulla base di tutti i possibili percorsi che l'utente finale dovrà compiere.

Dal punto di vista tecnico, come si evincerà dai capitoli 2 e 4, le soluzioni sono molteplici e abbracciano una gamma di opportunità decisamente ampia (Bonaiuti, 2006; Porteneuve, 2007). Tale aspetto è strettamente connesso con la definizione di coloro che utilizzeranno il sistema di orientamento online, da un lato il personale che assumerà il ruolo di orientatore e, dall'altro, l'utente finale, lo studente.

Il secondo aspetto spinge il progettista ad una valutazione obiettiva del livello di alfabetizzazione informatica (Kahn, 2004) dei futuri orientatori online: il livello tecnico solitamente richiesto a queste figure, come descritto più avanti, si avvicina molto alla figura dell'e-tutor, un esperto delle modalità (Rivoltella, 2006; Rotta & Ranieri, 2005) interattive online, del processo di apprendimento e comunicazione mediata dal computer (Lapadat, 2002; Wesson & Gogus, 2005) e degli aspetti cognitivi, emotivi, relazionali connessi a tale contesto formativo (Vanin, 2009; Vanin & Castelli, 2009).

Per quanto riguarda l'altro versante, come più volte accennato, l'aspetto ergonomico più rilevante concerne i possibili percorsi che un utente può seguire nel web e, di conseguenza, all'interno dei materiali informativi forniti durante l'orientamento online (Blythe, 2001; Chevalier & Kicka, 2006; Hargittai & Hinnant, 2008; Lazonder et al., 2000). Il progettista, sulla base di quanto rilevato nella fase di analisi dei bisogni, deve individuare e realizzare percorsi di navigazione semplici, diretti e, per molti versi, vincolati: l'utente deve essere condotto all'interno del materiale informativo secondo quanto descritto in merito al modello di orientamento a stanze e, ove possibile, vincolato nella lettura e acquisizione delle informazioni nei diversi stadi di orientamento.

A titolo d'esempio, nel capitolo successivo, verrà descritta un'esperienza di orientamento a stanze con particolare riferimento a tale aspetto e definiti alcuni principi utili per condurre un percorso di orientamento (in)formativo in grado di:

• Raccogliere tutti gli iscritti al corso di laurea
• Fornire tutte le conoscenze di base relative alla struttura organizzativa, didattica, informativa del corso di laure
• Fornire indicazioni sul profilo di competenze necessarie per affrontare il corso di laurea

Per affrontare tali obiettivi è stato sviluppato un percorso di guide da scaricare online, studiare individualmente e in grado di condurre passo a passo verso l'acquisizione di conoscenze e competenze necessarie per affrontare le successive richieste del corso di laurea a distanza. Tale percorso, seppur non privo di rischi ed errori (ad esempio nel caso in cui uno studente non partecipi attivamente al percorso stesso), ha permesso nel corso di diversi anni accademici di definire tutti i possibili step da seguire e ha portato alla definizione del concetto di Programmi di Orientamento Online (il Guidance Programme, in S. Manca & Vanin, 2010a; S. Manca & Vanin, 2010b). Si tratta di ossia programmi opportunamente progettati per offrire attività e strumenti per raggiungere gli specifici risultati di ogni fase del sistema di orientamento a stanze e possono essere definiti come un set di specifiche attività online o in presenza che si pongono l'obiettivo di familiarizzare i partecipanti ad un corso di formazione con la tecnologia, gli strumenti, le risorse e gli spazi virtuali (e non) utilizzati e, in seconda battuta, di favorire la socializzazione con gli altri partecipanti.

Manca e Vanin (2010a, 2010b) hanno individuato alcune tipologie di programmi di orientamento online, distinguendo tra attività strutturate (l'attività di orientamento può seguire solo un numero contenuto di possibili percorsi, come ad esempio la lettura di un documento e la relativa discussione tra i partecipanti), semi-strutturate (in cui vengono definiti possibili sviluppi dell'attività ma non vengono fornite specifiche indicazioni sulle modalità di raggiungimento degli obiettivi) e, infine, non strutturate, in cui i partecipanti possono muoversi completamente liberamente per il raggiungimento degli obiettivi del processo di orientamento.

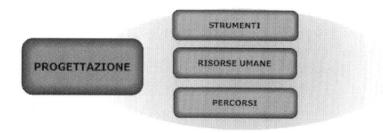

*Figura 8 – La progettazione*

La fase successiva riguarda lo sviluppo e l'implementazione degli strumenti scelti per l'orientamento online.

Kahn (2004), riferendosi a quanto avviene nell'e-learning, definisce alcune tappe del percorso di realizzazione e gestione di sistemi di questo tipo, con particolare riguardo anche agli aspetti istituzionali, finanziari ed economici che dovrebbero essere stati già previsti e risolti nella fase di progettazione. Il passaggio successivo riguarda la preparazione del contesto organizzativo per quanto concerne l'aspetto culturale, l'integrazione con le risorse già in uso, l'accettazione e condivisione da parte dei partecipanti (Hoffman, 2002; Schrum, Burbank, & Capps, 2007). In tal senso, per quanto riguarda l'orientamento online, è necessario immaginare una completa, per quanto possibile, integrazione con quanto già in essere nel sistema didattico a cui si affiancherà il sistema di orientamento online.

La fase successiva è il primo concreto stadio di realizzazione della strumentazione online, quella che abbiamo definito come *implementazione*. Si tratta della preparazione degli ambienti, l'elaborazione dei contenuti e delle risorse online utili per avviare il progetto, la formazione dello staff tecnico, la predisposizione degli spazi di supporto e assistenza (Vanin, 2006; Vanin & Castelli, 2009; Vanin & Castelli, 2010).

La seconda operazione riguarda il collaudo degli strumenti tecnici e il *testing*, possibilmente utilizzando campioni di collaudatori provenienti dalla popolazione di riferimento (Krug, 2006; Re, 1995), ossia studenti. Sarebbe opportuno, in tal senso, disporre sia di studenti già iscritti, sia di potenziali iscritti, ma tale soluzione spesso è difficilmente percorribile. L'attenzione per l'utente finale, l'elaborazione di processi, interfacce, strumenti semplici, immediati e interrelati rientra in una riflessione di tipo ergonomico che riguarda l'usabilità e l'accessibilità in una prospettiva user-centered (Calvani, 2002; Nielsen & Loranger, 2006).

Realizzati, sviluppati e collaudati gli spazi di interazione, alla fase di *erogazione* vera e propria segue la fase di diffusione, adozione e implementazione (Kahn, 2004, pp. 39-44) del sistema di orientamento online, durante la quale sia possibile adattare gradualmente il modello progettato al contesto scolastico, individuando anche soluzioni alternative, percorsi differenti e soluzioni non previste durante la progettazione. Per quanto riguarda la diffusione e l'adozione delle nuove soluzioni, Kahn suggerisce la costituzione di un "team per il cambiamento", un gruppo di partecipanti particolarmente competenti dal punto di vista tecnico in grado di sostenere, aiutare e coinvolgere i colleghi, valorizzando il progetto e riducendo eventuali resistenze. È in questa fase che possono, infatti, emergere eventuali ostacoli, dovuti a fattori culturali, a risorse scarse o difficilmente accessibili, a resistenze individuali e alla carenza di sistemi di incentivi (Boccolini & Perich, 2004; Maguire, 2005; McKenzie, Mims, Bennett, & Waugh, 1999; Parker, 2003).

In questa ultima fase di sviluppo, il sistema di orientamento online può estendere i propri risultati sia all'interno, coinvolgendo gruppi non coinvolti nelle prime fasi, sia all'esterno del sistema didattico, cercando partnership in grado di far confluire nuove risorse e strumenti, di consolidare i risultati ottenuti, di integrare il processo costituito con il sistema in senso più ampio, con le culture di provenienza e con il territorio.

In questi termini, il monitoraggio del sistema, da un lato, e il continuo *aggiornamento*, dall'altro, rappresentano operazioni di vitale importanza, utili per valutare il processo in corso, i suoi eventuali sviluppi ed intervenire con soluzioni tempestive ed efficaci.

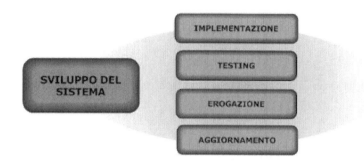

*Figura 9 – L'implementazione e lo sviluppo del sistema*

L'ultima fase del processo di sviluppo è rappresentato dalla valutazione del sistema di orientamento online e si pone il duplice obiettivo di misurarne la validità e applicabilità nel contesto per cui è stato sviluppato e di individuare eventuali modifiche da apportare per incontrare meglio i bisogni degli utenti finali.

Con uno sforzo di semplificazione, possiamo immaginare due principali approcci alla valutazione di un sistema di orientamento online, distinti in metodi diretti e metodi indiretti (AA.VV., 2001; Benigno & Trentin, 2000; S. Castelli, Vanin, & Brambilla, 2005a; Crippa & Vanin, 2005; Gagliardi & Quarantino, 2000; Giolo, 2009 - In press; Morelli, 1984).

Con la prima tipologia di indagine raccogliamo tutti i sistemi di valutazione che richiedono, per l'appunto, *direttamente* agli utenti finali una valutazione della strumentazione di orientamento utilizzata. Questionari e interviste rappresentano con tutta probabilità gli strumenti più rapidi e immediati, in grado di cogliere immediatamente la soddisfazione degli studenti.

Tali informazioni possono essere integrate con altre forme di rilevazione indirette, ossia basate sull'analisi di tracce (Piccardo & Benozzo, 1996), di percorsi di *follow up* (ad esempio, sulla base delle successive richieste di chiarimento o sulle problematiche più frequenti, S. Castelli et al., 2006) e sull'analisi delle richieste che provengono dagli utenti finali. A titolo d'esempio, la valutazione dell'efficacia di una FAQ (Burke et al., 1997; Burnett & Bonnici, 2003; Harksooa & Jungyunb, 2005; Liang et al., 2008; Savetz, 1996; Whitehead, 1995), ossia di una raccolta di domande più frequenti può basarsi sull'analisi quantitativa del flusso di ulteriori richieste successive alla messa online (sebbene non esista certezza del fatto che le domande provengano da una mancata comprensione del materiale informativo pubblicato o dalla mancata lettura dello stesso), così come dall'analisi qualitativa delle tematiche meno chiare.

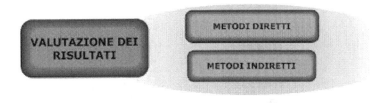

*Figura 10 – La valutazione dei risultati*

## 1.10. Considerazioni sul modello di orientamento online

La rielaborazione e ridefinizione di realtà già esistenti in ambito di formazione universitaria e non, tradizionale o a distanza, ha permesso la formulazione del modello di orientamento online proposto in queste pagine.

È opportuno ora individuare strumenti, finalità, limiti e pregi di tale approccio.

Il primo ordine di considerazioni generali sul modello proposto riguarda indubbiamente la prevenzione e riduzione dell'abbandono, piuttosto frequente nei processi formativi a distanza (Bruschi & Ercole, 2005; Moshinskie, 2002; Spitzer, 2002), ma rilevante anche tra le categorie di studenti non frequentanti, come gli studenti lavoratori o gli studenti che non hanno immediato accesso alla sede universitaria, in quanto, ad esempio, molto distanti: va sottolineato che tra le possibili cause (oltre ai problemi tecnici e logistici più sopra indicati) risulta rilevante anche il senso di isolamento, di mancata integrazione con i pari e con il sistema didattico.

In tale prospettiva, il modello proposto si configura come dispositivo pedagogico attivo sin dalle prime fasi del processo formativo, con l'obiettivo di individuare attraverso anelli di retroazione continua eventuali lacune e proporre possibili soluzioni, fornendo un supporto costante per tutta la durata della vita accademica dello studente. D'altra parte, è necessario tener conto che la struttura organizzativa di un corso di laurea tradizionale non è sempre adatta ad accogliere percorsi di orientamento a distanza, sia per quanto concerne le tre componenti del sistema di *e-learning* (infrastruttura, infostruttura e infocultura) che verranno delineate nel prossimo capitolo, sia per il necessario *know-how* e la sensibilità generale nei confronti di taluni aspetti della modalità a distanza (ad es. tempi e modi di risposta alle esigenze dello studente, avvisi online, ecc.).

In secondo luogo, risulta evidente che l'aspetto informativo dell'orientamento online rimane piuttosto centrale in tutte le tre fasi: è l'*informazione* il fulcro del sistema, informazione che viene prima offerta in quanto tale dall'impianto didattico (*orienting:* Università ð studente), poi condivisa e comunemente costruita, come risposta del sistema ai bisogni manifesti dello studente, sulla base di analisi del *gap* tra la preparazione iniziale dell'utente e la richiesta dell'organizzazione didattica (*preparing:* Università ó studente) e, infine, fornita come risposta a esplicite richieste in itinere, dettate dall'utilizzo degli strumenti o dall'incontro-scontro con la realtà accademica

(*supporting*: studente ∂ Università). Ogni singola fase si lega strettamente alle altre e si configura mediante anelli di retroazione in cui
l'Università offre orientamento sulla base di informazioni offerte
dallo studente, sia sottoforma di richieste esplicite, sia di istanze
implicite (S. Castelli et al., 2006; Vanin, 2006).

D'altra parte, se l'informazione è il punto chiave del processo, è
anche vero che l'obiettivo finale rimane lo studente, con lo scopo di
farlo passare dallo stato di *utente* allo stato di *committente*, portatore di
un'esplicita domanda di orientamento e attore di un processo interattivo di scambio con l'Università: "non si tratta, cioè di fornire un
servizio più o meno qualificato di orientamento al quale il giovane
o l'adulto possa accedere, ma di allestire una situazione grazie alla
quale il giovane o l'adulto possa diventare l'attore di un percorso,
possa riappropriarsi della domanda di orientamento, possa iniziare
a pianificare il futuro" (Avallone, 2002, pag. 63).
Come illustrato nella figura 6 (ripreso da S. Castelli et al., 2006), è
possibile concepire l'intero sistema di orientamento come interazione dinamica tra richiesta di informazioni e offerta di informazioni.

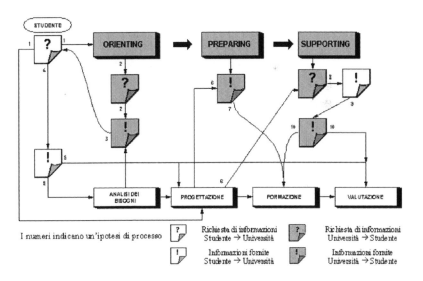

*Figura 11 – Il ruolo dell'informazione nel processo in-formativo.*

Detto altrimenti, il sistema prevede non solo che l'Università (o l'ente formativo) fornisca informazioni (in quanto agenzia formativa e in-formativa), ma che ne possa trarre vantaggio in termini di consapevolezza del profilo medio dei propri (futuri) studenti, di produzione di conoscenza (si tratta, infatti, di dati utili anche ai fini della ricerca psico-pedagogica) e di costruzione di significato (intesa come produzione di conoscenza condivisa e potenzialmente utile agli studenti stessi, oltre che, direttamente, all'organizzazione didattica).

In questi termini si tratta di concepire in modo diverso il legame tra agenzia formativa (per estendere il modello anche a contesti non universitari) e utente finale, ridefinendo il processo di elaborazione, comunicazione e il ruolo dell'informazione stessa.

# Capitolo 2 Soggetti, oggetti e strumenti

## 2.1. Gli elementi fondamentali dell'orientamento online

Abbiamo definito, nel primo capitolo, le basi teoriche del modello di orientamento online e individuato il metodo per progettare e creare modelli alternativi che si possano integrare dal punto di vista didattico e organizzativo con il sistema formativo esistente.

Il passo successivo riguarda ora la definizione più dettagliata degli elementi fondativi del sistema di orientamento online, ossia di tutti quegli aspetti che permettono ai responsabili dell'orientamento universitario di realizzare gradualmente tali sistemi e, aspetto ancora più complesso e delicato, di integrarli con gli altri strumenti informativi e formativi.

Per facilitare il compito di individuare tali aspetti, ricorriamo ad uno dei modelli più diffusi in letteratura, il triangolo di Engeström (1999). A partire dagli anni Novanta, l'esigenza di analizzare i sistemi complessi e individuarne le dinamiche e il funzionamento ha spinto diversi autori alla ricerca di un modello in grado di delineare i diversi sottosistemi di attività.

Si tratta di un'evoluzione del modello originale di Vygotsky, in cui Soggetto, Oggetto e Strumento interagivano reciprocamente. Il modello di Engeström, nell'ambito dell'Activity Theory (Engeström, 1999) individua alcuni punti chiave, chiaramente sintetizzati nella figura 1.

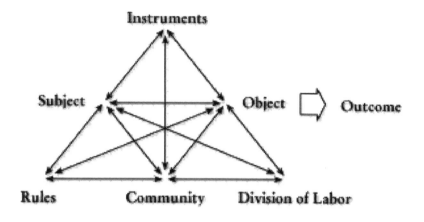

*Figura 12 - Il modello di Engeström*

Senza entrare nel merito del modello presentato, sia sufficiente per i nostri scopi utilizzare le componenti del modello stesso per individuare, a nostra volta, le singole parti che costituiscono l'orientamento online. Naturalmente, per adattare il modello di Engeström ai nostri scopi saranno necessarie alcune modifiche.

In primo luogo, analizzeremo i soggetti coinvolti in un sistema di orientamento online, limitandoci per motivi di spazio agli attori del processo (ossia gli orientatori online) e a coloro che usufruiscono dei risultati di tale processo (ossia gli studenti o gli utenti finali). È evidente che la gamma di possibilità è ben più ampia di quelle qui sintetizzate, ma lasciamo al lettore il compito di ricercare tali sfumature nei contesti che ha in mente, sia essi prettamente universitari, siano essi di altro genere.

In secondo luogo porremo l'attenzione sull'oggetto dell'orientamento online, individuando fondamentalmente nell'informazione in nucleo principale del nostro modello. Come già descritto nel precedente capitolo, possiamo considerare l'informazione come fulcro dell'intero sistema di orientamento online (S. Castelli et al., 2006; Vanin, 2006; Vanin & Castelli, 2010) e la nostra attenzione tornerà ulteriormente sulle modalità di gestione e costruzione dell'informazione, nonché sulle modalità di erogazione della stessa.

Come terza dimensione verranno descritti gli strumenti dell'orientamento online che, come indicato nel precedente capitolo, appartengono come tradizione alla formazione a distanza e all'ambito dei più recenti sviluppi del web 2.0 (Bonaiuti, 2006; Porteneuve, 2007). Si tratta di strumenti in continua evoluzione, la cui catalogazione o descrizione assume immediatamente il carattere di obsolescenza, considerando la velocità con cui le ultime versioni superano le precedenti. Tuttavia, in linea di massima, al momento della stesura di questo testo, tali dispositivi sembrano essere non solo i più diffusi, ma quelli più immediatamente e rapidamente applicabili.

Come quarta dimensione analizzeremo la Community, intesa come *"un gruppo di persone con una serie di interessi e obiettivi condivisi, interessate a conoscersi sempre meglio nel corso del tempo"* (Kim, 2000, p. 30). Si osserverà nel quarto paragrafo come il gruppo dei pari e, in senso più ampio, lo spazio sociale in cui l'interazione tra i partecipanti ad un progetto formativo allargato assuma un ruolo centrale, per quanto concerne la dimensione dello scambio di informazioni, dell'elaborazione di percorsi di sviluppo di tale corpus informativo e, per alcuni versi, di evoluzione e sviluppo della conoscenza(Bereiter, Scardamalia, Alexander, & Winne, 2006; M. Scardamalia & Bereiter, 2006; Marlene Scardamalia, Bereiter, Keating, & Hertzman, 1999): l'informazione, così come viene intesa in queste pagine, rappresenta l'elemento principale di una sfera di conoscenze e competenze più ampio. Tale bagaglio culturale, (che alcuni ricondurrebbero correttamente al concetto di cultura, in Schein, 1985, 2000; Van Maanen & Schein, 1979) viene in qualche modo co-costruito da tutti coloro che esplicitamente o implicitamente risultano in diversa misura coinvolti nel processo formativo.

Infine accorperemo in un'unica dimensione le regole e l'aspetto organizzativo (che nel modello di Engeström veniva definito *divisione del lavoro*), trattandoli come fondamentali elementi di contorno dell'intera struttura dell'orientamento online. In tal senso, l'approccio sarà quello psico-socio-organizzativo (Hatch, 1999), con una particolare attenzione alle dimensioni strutturali, gestionali e culturali del sistema di orientamento online.

Per quanto concerne gli *outcomes*, ossia i risultati e i prodotti di un sistema di orientamento online, rinviamo al capitolo successivo per una descrizione completa di alcune esperienze di orientamento online sperimentate presso la Facoltà di Psicologia dell'Università degli Studi di Milano Bicocca (S. Castelli et al., 2006; Vanin, 2006; Vanin et al., 2005b; Vanin & Castelli, 2010).

## 2.2. Le principali figure dell'orientamento online

Focalizziamo ora la nostra attenzione sui soggetti coinvolti nel processo di orientamento, specificando alcuni elementi distintivi del modello a distanza e traendo spunto dalla letteratura presente in materia.

Come anticipato più sopra, rinviamo al paragrafo 2.7 (p. 87 e segg.) per la discussione relativa ai soggetti coinvolti non direttamente nel processo, come nel caso delle segreterie, degli uffici preposti a diverse tipologie di orientamento non esclusivamente didattico (uffici tirocini, tesi, ecc.). Nei prossimi due paragrafi, invece, ci rivolgeremo alle due principali figure esplicitamente e direttamente inserite nel sistema di orientamento online: da un lato l'orientatore online e, dall'altro, lo studente.

In questo secondo caso, ci rivolgeremo ad un'ampia gamma di studenti, sia "tradizionali", sia partecipanti a corsi online, sia frequentanti, sia non frequentanti, come nel caso degli studenti lavoratori.

### 2.2.1. La figura dell'orientatore online

Premesso che la professione dell'orientatore online coinvolge vari ambiti disciplinari (coma la psicologia, la pedagogia e la sociologia, per esempio) e che quindi risulta difficoltoso delinearne il profilo specifico (in letteratura si veda Soresi, 2000), è comunque possibile individuare alcune caratteristiche che ne definiscono la specificità professionale.

Riprendendo quanto riportato da Sarchielli (2000), la definizione della professione dell'orientatore tradizionale passa attraverso la definizione del gruppo consolidato di coloro che operano in quel determinato ambito, con quello specifico profilo di comportamenti e competenze.

In questo senso, così come per altri contesti professionali, per definire una professione interdisciplinare e appartenente a diversi ambiti di provenienza, risulta necessario stabilirne gli stadi di *emergenza*, mediante due passaggi fondamentali (2000, pp. 14-15): in primo luogo, abbiamo lo sviluppo, la definizione e la descrizione degli attributi e delle qualità delle prestazioni che la figura professionale dell'orientatore eroga. Si tratta in definitiva di delineare cosa operativamente *fa* l'orientatore online quando esplica le proprie funzioni. In secondo luogo, si tratta di delineare un processo di costruzione sociale dell'immagine per permetterne, sempre a livello sociale, l'individuazione e il riconoscimento.

Sarchielli riporta poi tali operazioni ad un processo di definizione dello spazio di azione che determina con maggiore precisione la professionalità stessa dell'orientatore.

Tale definizione delinea, in definitiva, alcune specificità quali l'*essenzialità* della prestazione (ossia la definizione delle modalità secondo le quali viene erogato un certo servizio o espletati alcuni compiti), l'*esclusività* (ossia la possibilità di avere se non un certo livello di monopolio dell'esecuzione di talune prestazioni, almeno un riconoscimento differente rispetto ad altre professioni), la *complessità* (ovvero la gamma di possibilità che la professione riesce a coprire e il grado di discrezionalità che gli operatori hanno nel ricoprire tali funzioni).

La riflessione di Sarchielli si estende anche ad un altro aspetto, ossia il dizionario comune dei termini utilizzati nell'ambito dello svolgimento della professione e la definizione delle competenze fondamentali dell'orientatore. In tal senso il lessico comune riflette operazioni, compiti, procedure, metodologie differenti ma accomunate da scopi e finalità analoghe. L'elenco proposto da Sarchielli è piuttosto ampio e delinea in modo completo taluni aspetti centrali della professione dell'orientatore.

Per quanto riguarda, infine, gli elementi costitutivi dell'operatività dell'orientatore online, ossia le conoscenze e le competenze, Sarchielli individua tre possibili dimensioni:

• Competenze di livello generale di tipo diagnostico, relazionale e di fronteggiamento dei problemi individuali e collettivi, meglio definite come capacità di ascolto, osservazione, progettazione, autoapprendimento, cooperazione, valutazione, ecc.

• Abilità e competenze specifiche dell'ambito di azione della propria professionalità che possono rapportarsi all'ambito professionale e/o educativo.

• Abilità e competenze specifiche rispetto alla tipologia di utenza che accede al servizio, sulla base dell'età, del profilo, dello status socio-economico, ecc.

Come si può osservare, risulta difficile determinare profili rigidi, e probabilmente l'operazione avrebbe anche poco senso, già a partire dalla necessaria distinzione tra orientamento *prevalentemente* scolastico/educativo e orientamento *prevalentemente* professionale.

Spostando l'attenzione alla figura dell'orientatore online, a tale scenario dobbiamo sommare alcuni spunti che riguardano la dimensione dell'interazione online e, a questo scopo, possiamo assumere come punto di partenza, la figura dell'e-tutor (Rivoltella, 2006; Rotta & Ranieri, 2005), ossia la figura professionale che nella formazione online assume il ruolo centrale di intermediario tra studente e docente.

Si tratta di una professionalità che negli ultimi anni si è sviluppata in molteplici direzioni e ha richiesto l'aggiornamento del kit professionale di chi, in passato, si occupava di formazione in aula. Ci riferiamo a competenze tecniche piuttosto sofisticate, che richiedono un continuo aggiornamento per restare al passo con un'evoluzione dei software, delle piattaforme, delle opzioni di interazione costantemente in via di sviluppo e, oltretutto, secondo ritmi non immaginabili in passato. In tal senso, un e-tutor incontra ogni giorno in rete decine di soluzioni tecnologiche che gli permettono di operare scelte fino a qualche giorno prima impossibili, o piuttosto difficili e, allo stesso tempo, deve aggiornare la propria strumentazione per adeguarla a linguaggi, codici, standard in continuo aggiornamento.

Per i nostri scopi, sia sufficiente delineare le diverse tipologie di e-tutor come declinazione dei principali compiti e funzioni di questa figura professionale.

Una distinzione storica (Calvani & Rotta, 2000) prevedeva tre differenti figure: *istruttore* (impegnato nell'elaborazione dei contenuti), *facilitatore* (concentrato sulle diverse forme di scaffolding) e *moderatore/animatore* (concentrato sull'interazione online via forum o chat, con il compito di moderare le discussioni).

Un'evoluzione possibile di tale articolazione potrebbe essere il modello delle *Community of Inquiry* (Anderson, Rourke, Garrison, & Archer, 2001; D. R. Garrison & Cleveland-Innes, 2005; R. D. Garrison & Anderson, 2002; Tallent-Runnels et al., 2006) in cui vengono distinte tre differenti "presenze" da parte del tutor: *cognitiva* (prevalentemente concentrata sui contenuti dell'insegnamento), *sociale* (incentrata sulla relazione e sugli aspetti più interattivi del gruppo) e, infine, di *insegnamento* (focalizzata sul processo di apprendimento e di direzione della discussione online).

Sulla scorta di ulteriori riferimenti bibliografici, Rotta (Rotta & Ranieri, 2005) espande tale classificazione e delinea alcune figure assolutamente nuove nel panorama della formazione, in quanto strettamente legate allo specifico tipo di intervento a distanza.

In particolare, possiamo distinguere le seguenti figure/funzioni didattiche:

1. Content Facilitator: tutor esperto nei contenuti;
2. Metacognition facilitator: esperto nei processi di apprendimento, riflessione e approfondimento disciplinare;

3.    Process Facilitator: offre supporto metodologico e organizzativo;
4.    Advisor/Counselor: si occupa dell'intermediazione tra corsisti e organizzazione didattica;
5.    Assessor: è il tutor che si occupa della valutazione;
6.    Technologist: si occupa dell'aspetto tecnico, legato alle piattaforme e all'assistenza;
7.    Resource Provider: si occupa dell'attivazione di risorse esterne rispetto ai contenuti erogati, fornendo orientamento sulla localizzazione del materiale;
8.    Manager/Administrator: gestisce l'intero sistema didattico, coordinando le altre figure;
9.    Designer: è il progettista, che collabora alla preparazione e ottimizzazione del sistema;
10.   Co-Learner: il compagno di studi, in grado di accompagnare gli studenti nel percorso;
11.   Researcher: si occupa di rielaborare il percorso con scopi di ricerca;
12.   Animatore o facilitatore di comunità: si concentra sulla crescita e consolidamento della community, lavorando sui legami, sulla cultura condivisa.
13.   Allenatore/Master: si occupa della formazione dello staff di tutor, puntando sulla performance complessiva.
14.   Sostenitore/Supporter: guida i diversi soggetti coinvolti nella ricerca dell'autonomia, sia strumentale, sia didattica.

Risulta difficile non notare una certa complessità nella definizione dei ruoli, delle sovrapposizioni e nella gestione delle diverse attività didattiche. In questa direzione, la controparte di tale complessità è la relativa semplicità di definizione delle competenze e dei profili necessari per assumere il ruolo generico di e-tutor.
Sulla base dei criteri stabilita dalla Training Foundation, Rotta (2005, pp. 147-154) riporta alcune competenze di base, che possono essere declinate sulla base dei profili appena indicati.
Nello specifico, vengono individuate le seguenti *skill*:

- Stabilire relazioni con i nuovi studenti (*newbies*), accoglierli, orientarli e facilitarne l'ingresso nella Community;
- Comunicare e interagire con tutti gli attori coinvolti nel progetto;
- Fornire indicazioni amministrative, gestionali e organizzative sull'intero impianto;
- Offrire supporto tecnico, oltre che didattico;
- Avviare attività (*e-tivities*) che favoriscano l'apprendimento, l'approfondimento e l'interazione;
- Offrire supporto e incoraggiamento, badando anche agli aspettivi emotivi e motivazionali;
- Valutare le attività e le performance degli studenti;
- Utilizzare diverse modalità interattive e sfruttare un'ampia gamma di strumentazioni e formati di testo;

A un livello più generale, dalle precedenti indicazioni, le competenze dell'e-tutor concernono le abilità connesse all'orientare gli studenti nell'ambito del processo formativo a distanza, al moderare le discussioni, allo stimolare l'interazione e il confronto, al motivare e gratificare i partecipanti, al contribuire al ritmo dell'apprendimento. Prendendo spunto dai due profili professionali descritti, ossia l'orientatore tradizionale e l'e-tutor, possiamo ora definire la figura dell'orientatore online, come sintesi delle principali dimensioni individuate (Figura 2).

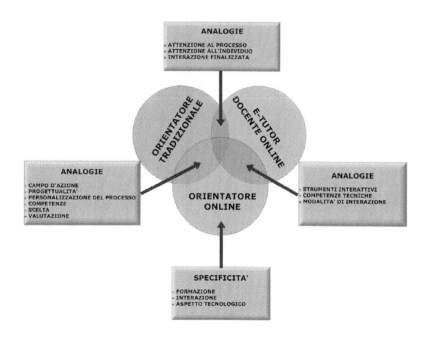

*Figura 13 – L'orientatore online*

L'orientatore online ha in comune con l'orientatore tradizionale il *campo d'azione* che possiamo ricondurre all'ambito educativo o professionale; la progettualità di un percorso ben definito che si pone l'obiettivo di compiere una scelta mirata ed, eventualmente, di supportare tale scelta con adeguata assistenza durante il processo; l'attenzione all'individualizzazione e personalizzazione del processo di orientamento, che nella versione online si declina in termini di possibili percorsi alternativi di orientamento; le competenze relazionali, educative, formative, con una predisposizione al dialogo e al confronto; l'ambito di azione che si declina in buona sostanza nella conduzione verso una decisione mirata e basata sull'effettiva conoscenza delle differenti opportunità e alternative, da un lato, e sull'approfondita conoscenza della scelta operata, dall'altro; i criteri di valutazione dell'efficienza e dell'efficacia del servizio offerto, individuabili sulla base degli obiettivi iniziali.

Sebbene non sia oggetto di questo libro, anche l'orientatore tradizionale e l'e-tutor presentano alcune analogie. In particolare, sulla base della letteratura presentata, possiamo individuare: l'attenzione al processo e al sostegno in tutte le fasi, l'attenzione all'individuo (che nel caso dell'e-tutor si estende anche al gruppo di utenti), l'interazione finalizzata ad un obiettivo ben preciso che quindi assume, entro certi limiti, anche carattere di strutturazione e formalizzazione degli scambi.

Come indicato più sopra, le analogie tra orientatore online ed e-tutor concernono prevalentemente l'aspetto di interazione con l'utente e la base tecnologica e gli strumenti utilizzati per svolgere il proprio ruolo, che richiedono entrambe una preparazione tecnica e una formazione specifiche, con evidenti differenze per quanto riguarda i contenuti.

La professionalità dell'orientatore online viene quindi definita sulla base di profili professionali già presenti nel campo educativo e sociale. Rispetto a quanto descritto in termini di analogie e punti in comune con la figura dell'orientatore online e dell'e-tutor, esistono comunque alcune differenze e specificità.

In primo luogo, va sottolineata l'importanza del campo di azione e delle modalità con cui la professione dell'orientatore online si declina. L'orientatore online opera prevalentemente a distanza, sfruttando le potenzialità del web di ultima generazione, senza escludere, però, momenti in presenza, solitamente dettati dall'esigenza di fornire supporto, presentare e promuovere le proprie attività in momenti tradizionalmente ideati a questo scopo (ad esempio, gli open day universitari), preparare gli studenti all'uso delle nuove tecnologie[2].

La netta prevalenza di attività online si riflette sul percorso formativo necessario per operare in questo ambito: strumenti, piattaforme, risorse online, modalità di utilizzo, tecniche di animazione e moderazione degli ambienti online, attività e opportunità di orientamento

___

2    Anche se piuttosto ovvio, è difficile, o forse inutile, spiegare come scaricare un file predisponendo una guida online da scaricare.

specifiche per gli strumenti utilizzati sono solo alcuni degli aspetti che richiedono un percorso di formazione e di addestramento specifici. Da questo punto di vista, siamo appena agli inizi e molto deve essere fatto per elaborare tali percorsi e per stabilirne la specificità rispetto ad altre professioni.

In seconda battuta, lo stesso ruolo dell'interazione online che l'orientatore online condivide con l'e-tutor, vede al suo interno importanti distingui che lo allontanano ulteriormente dalle figure professionali da cui proviene.

Come si vedrà nel quarto capitolo, trattando il concetto di *tutor online* (distinto da e-tutor), emergono almeno due tipologie di orientatore online, in riferimento alla tipologia di strumenti utilizzati, al livello di sincronicità dell'interazione e di scambio con gli studenti.

Con orientatore online, infatti, facciamo riferimento ad una figura a tutto tondo che si occupa di fornire prevalentemente orientamento online, nei termini di quella importante fase di *orienting* che abbiamo descritto nel precedente capitolo (S. Manca & Vanin, 2010b; Vanin et al., 2008). Non è da escludere anche una componente di *preparing* nella possibilità di predisporre nell'ambito del processo di orientamento anche una fase in cui si forniscono specifici strumenti per affrontare il percorso di studi.

Tuttavia, e qui emerge la seconda tipologia di orientatore online, la fase di supporto rientra per alcuni versi in uno stadio avanzato dell'orientamento stesso, a cavallo tra l'orientamento tout court e la formazione (Biagioli, 2003). È in questa fase di supporto e sostegno, di costante (ri)orientamento in itinere che emerge la figura del tutor online (Vanin & Castelli, 2009), ossia un orientatore specializzato in questo tipo di interazione.

Risulta evidente che se per molti versi l'orientatore online lavora prevalentemente su informazioni statiche, seppur costantemente aggiornate, in uno scambio prevalentemente a-sincrono, il tutor online agisce con tempi più ristretti, più vicini ad una modalità sincrona, immediata e rapida. Tali aspetti emergeranno con più precisione nel corso del capitolo quarto, a cui rinviamo per un approfondimento di questa figura professionale.

Come ultimo aspetto che distingue l'orientatore online dalle altre due figure professionali, va sottolineato il ruolo degli strumenti utilizzati. Laddove il kit professionale dell'orientatore tradizionale (Biagioli, 2003; C. Castelli & Venini, 2002; Di Fabio, 1998; Di Nuovo, 2003; Guichard & Huteau, 2003; Pombeni, 1996) può spaziare dall'uso di test specifici, al bilancio di competenze, a dispositivi diagnostici e di intervento di diverso tipo e il kit dell'e-tutor spazia dalle piattaforme online (Ardizzone & Rivoltella, 2003; Bruschi & Ercole, 2005; R. D. Garrison & Anderson, 2002; Ranieri, 2005), ai wiki(Bonaiuti, 2006; Porteneuve, 2007), ai learning object (Kahn, 2004; Vanni & Fini, 2005), quello dell'orientatore online integra tali dispositivi con specifici strumenti di animazione, moderazione, gestione dell'informazione (Davenport & Prusak, 1998; Na Ubon & Kimble, 2002; Pan & Scarbrough, 1999), gestione del processo di costruzione della conoscenza alla base dell'orientamento stesso (Bereiter et al., 2006; Cesareni et al., 2008; M. Scardamalia & Bereiter, 2006; Marlene Scardamalia et al., 1999) che gettano le proprie radici nell'Information and Communication Technology (I.C.T.).

Anche in questo caso, la letteratura è piuttosto scarna in merito a tale figura e necessitano ulteriori studi per definirne con maggiore precisione strumentazioni e competenze.

## 2.2.2. I fruitori dei servizi di orientamento online

L'individuazione dei possibili utenti del servizio di orientamento dipende, da un lato, dal tipo di servizio preso in considerazione e, dall'altro, dalla fase del processo di orientamento in cui l'utente si trova (S. Castelli et al., 2006).

Sebbene non sia facile analizzare l'utenza sulla base di questi due elementi, è possibile tracciare, almeno per quanto riguarda l'orientamento universitario, alcune linee guida, sia a partire dall'esperienza diretta e dall'osservazione delle attività delle segreterie didattiche di ogni Facoltà, sia sulla base delle evidenze empiriche offerte dalla

63

letteratura (Kim, 2000; Koh, Kim, Butler, & Bock, 2007; Lazonder et al., 2000; Porter, 2004; J. Preece, Maloney-Krichmar, & Abras, 2003; Jenny Preece, Nonnecke, & Andrews, 2004; Wood & Smith, 2005).

Le principali categorie di utilizzatori di sistemi di orientamento online possono essere così raggruppate:

1. **Potenziali iscritti o interessati al corso**, ma in una fase iniziale del processo decisionale, in cui stanno vagliando diverse possibilità. Questa categoria raccoglie tutti i primi contatti tra l'utente e l'organizzazione didattica. A questo primo livello le informazioni devono essere complete ed articolate per fornire tutte le risposte necessarie per un orientamento generale rispetto ai temi organizzativi, didattici e tecnici, come indicato nella prima parte del presente contributo.

2. **Matricole in corso di iscrizione** (prima e dopo eventuali test d'ammissione). A questo livello, i potenziali iscritti decidono di iscriversi al corso e necessitano di orientamento per quanto riguarda gli aspetti burocratici, riguardo al test d'ammissione, alla preparazione per superarlo, ecc. Superato il test d'ammissione, tutte le informazioni erogate si basano sulle modalità di accesso alle risorse messe a disposizione, sul contatto con la community degli altri iscritti, sui tutor, ecc. L'informazione a questo stadio perde la connotazione generalistica per assumere connotati locali.

3. **Studenti già iscritti al corso**. Gli iscritti al corso rappresentano l'ultimo stadio di ingresso nel sistema universitario. A seconda dell'anno di iscrizione, l'orientamento assume forme differenziate relative all'anno di iscrizione e all'oggetto (aspetti didattici, organizzativi, tecnici o relazionali - comunicativi).

4. **Studenti già iscritti al corso in uscita**. Gli studenti iscritti, durante la fase di tirocinio, di preparazione della tesi e, infine, di uscita dalla carriera accademica, rappresentano la fase di uscita dal percorso didattico, e necessitano di particolare attenzione per quanto concerne le risorse informative a disposizione.

**5.    Tutor e personale interno.** L'ultima tipologia di destinatari dell'orientamento coinvolge coloro che attivamente permettono di realizzare il corso, in particolare docenti, tutor, esercitatori e il personale tecnico-amministrativo.

Come si può osservare, ogni tipologia di utenza descrive non solo possibili percorsi di orientamento differenziato (sebbene i punti in comune siano molti), ma anche una diversa gamma di strumenti, documenti, tipologie di interazione.

## 2.3.  I contenuti dell'orientamento online: l'informazione

Alcune ricerche effettuate sullo scambio di informazioni tra studenti e organizzazione didattica presso l'Università Milano Bicocca (S. Castelli et al., 2006; Vanin, 2006; Vanin et al., 2007) hanno permesso di evidenziare alcune richieste tipiche:

1.    **Orientamento generale e iniziale.** Si tratta di fornire tutte le informazioni utili per accedere al corso. Per alcuni versi, queste informazioni rappresentano il corpus informativo che gli iscritti ad un corso di laurea tradizionale acquisiscono nei primi mesi di frequentazione dell'Università, sia attraverso gli abituali sistemi di orientamento (sportelli, open day, presentazioni della Facoltà), sia frequentando le lezioni.

2.    **Aspetti didattici.** Strettamente legato al primo tema, lo specifico dell'area didattica raccoglie tutte le informazioni relative agli esami, ai programmi, ai docenti e tutor, alle esercitazioni, ai crediti e al riconoscimento di esami provenienti da precedenti percorsi didattici, ecc. Quest'area risulta fondamentale per completare le indicazioni fornite nel primo punto ed è più specifica.

3.    **Aspetti amministrativi e burocratici.** Tale area raccoglie le informazioni relative all'iscrizione, all'immatricolazione, alle scadenze amministrative e alle modalità per la consegna della docu-

mentazione e, più in generale, al rapporto con le segreterie studenti e di Facoltà.

4. **Aspetti tecnici.** Questa tipologia di informazioni riguarda la possibilità di accesso a tutte le informazioni disponibili. In tal senso è possibile indicare le risorse materiali personali necessarie per reperire tali informazioni (ad esempio il possesso di una casella e-mail, di un computer e accesso ad internet), le risorse materiali messe a disposizione dalla struttura didattica (risorse elettroniche e cartacee, dispense, testi a disposizione e sistema di prestito bibliotecario) e risorse e multimediali e interattive (mailing list, forum, chat, siti web, materiale scaricabile online).

5. **Informazioni specifiche e casistiche.** Le informazioni che nella prima parte sono state definite come "informazioni specifiche", fanno riferimento a tutti quei casi che per specifiche esigenze personali necessitano di risposte *ad hoc*. In questo caso non ci riferiamo solo ai problemi degli studenti con diverse abilità, ma anche a situazioni particolari come seconde lauree o lauree straniere, a problemi tecnici di vario tipo, o a particolari percorsi formativi non previsti a livello generale. In tal senso, la richiesta non è riconducibile ad una categoria preconfezionata ed è necessario offrire informazioni specifiche e definite caso per caso.

Come si può osservare le cinque categorie indicate riescono a coprire il maggior numero possibile di casi, sia generali sia specifici. E questa suddivisione può essere integrata con tre diverse tipologie di informazione fornita, ossia:

1. **Informazioni statiche.** Si tratta di quelle informazioni poco soggette a cambiamenti nel corso di un anno accademico o che nel caso di cambiamenti richiedono modifiche non sostanziali e non complete. Tali informazioni possono essere tranquillamente depositate in siti web e pagine statiche, oppure essere allegate in forma di documento da scaricare a pagine web che raccolgono la documentazione.

**2. Informazioni dinamiche.** In questa categoria rientrano tutte le informazioni continuamente sottoposte ad aggiornamenti e cambiamenti, come nel caso del ricevimento dei docenti o dello spostamento d'aula di eventi e lezioni. Tali informazioni sono solitamente incluse in bacheche online o repository di news e avvisi, con la possibilità di accedere ad archivi di news dei mesi passati.

**3. Informazioni interattive.** In questa tipologia possiamo includere tutti quegli scambi che richiedono un confronto, una decisione condivisa o una discussione. Si tratta, tutto sommato, di una categoria poco rappresentata attualmente nell'ambito dell'offerta informativa, ma che può essere valorizzata e utilizzata per costruire un ponte in tempo reale tra studente e sistema didattico. Un esempio di questa tipologia di informazione è il blog che, come si vedrà nel capitolo successivo, può essere utilizzato come strumento di scambio, ad esempio, tra gli iscritti ad un corso di laurea e i potenziali iscritti che chiedono informazioni, consigli e opinioni agli studenti che possono essere considerati gli esperti o i veterani del corso (Kim, 2000).

Lo scenario informativo, da questo punto di vista, risulta assai articolato e richiede un approccio progettuale attento alla struttura, al contenuto, alle modalità, ai tempi e agli spazi (spesso simbolici o virtuali) dello scambio tra sistema didattico e utente finale.


## 2.4. La scelta degli strumenti

Per analizzare in modo compiuto le implicazioni del modello di orientamento online non si può prescindere dalla componente tecnologica (Bozarth et al., 2004; Edwards & Fintan, 2001; Frieden, 1999).

Nelle prossime pagine presenteremo sommariamente le principali piattaforme e strumentazioni utili per supportare l'attività dell'orientatore online e per costruire comunità online utili per l'orientamento online.

Un premessa fondamentale riguarda la scelta degli strumenti adottata in questi pagine. Senza alcuna pretesa di completezza, verranno illustrati nelle loro linee essenziali i più diffusi supporti utilizzati nella Computer Mediated Communication (CMC, in Chou, 2003; Lapadat, 2002; Luppicini, 2007; Porter, 2004; Weller, 2000; Wesson & Gogus, 2005; Wood & Smith, 2005), nello specifico quelli più diffusi negli ambiti interattivi e comunicativi più strettamente connessi con la formazione a distanza e con le più recenti evoluzioni dell'e-learning. Tale scelta esclude necessariamente, sebbene in modo arbitrario, determinate soluzioni, in quanto considerate di livello tecnologico per molti versi inferiore agli strumenti presentati. A titolo d'esempio, non verranno trattate in queste pagine i newsgroup (Joyce & Kraut, 2006; Matzat, 2004; Panayiotis & Rifaht, 2006), in quanto tutto sommato superati da strumenti molto più versatili, con funzioni interattive più diversificate, in grado di garantire non solo maggiore privacy, ma anche maggiore usabilità dal punto di vista ergonomico-cognitivo.

Infine, si tenga in considerazione che alcuni di questi strumenti sono più adatti ad un modello interattivo di orientamento online, nello specifico al tutoring online, inteso come pratico di supporto continuo al processo didattico. Tale modello non viene incluso nel presente lavoro, in quanto più specifico rispetto al modello più generale.

### 2.4.1. Il documento, il sito web e il cyberspazio

La pietra miliare dell'orientamento online è il sito web. Lo dimostra il fatto che tutti gli strumenti da cui nasce la CMC sono quelli di riferimento per la costruzione di pagine web.

La pagina web rimanda più in generale al concetto di cyberspazio, in cui ognuno dei seguenti strumenti opera. L'uso del termine risale alla fantascienza, quando nel 1984 Gibson lo utilizzò nel suo romanzo Neuromancer (Wood & Smith, 2005). Citando un'intervista con lo scrittore, Wood sottolinea la sensazione che aldilà dello schermo possa esistere qualcosa di reale, uno spazio fisico in cui le informazioni si articolano e si strutturano, raggiungendo la definizione di cyberspazio come luogo concettuale e consensuale in cui l'interazione online avviene (Wood & Smith, 2005, p. 25).

L'elemento più concreto del cyberspazio è indubbiamente il World Wide Web, che rappresenta la rete di tutti i documenti, le immagini, i filmati, gli audio interconnessi tra loro, altresì definita Internet. È in questa nuova entità virtuale che trova supporto il primissimo livello della comunicazione a supporto dell'orientamento online, ossia la pagina web. Dal punto di vista della comunicazione online, la pagina web, nelle sue più elementari forme, può presentare diverse caratteristiche (Wood & Smith, 2005). In primo luogo, può integrare al testo (componente essenziale dell'informazione come viene intesa in queste pagine) componenti multimediali. In secondo luogo, può assumere la forma di iper-testo, ossia essere collegata con altre risorse informative, costituendo a sua volta un nodo all'interno di una più ampia rete di pagine informative. Questa pratica, in particolare, trasforma il testo tradizionale da lineare a multilineare (Wood & Smith, 2005, pag. 43), in cui ogni parte del testo può diventare l'inizio di un altro filone testuale, assumendo ogni volta una forma diversa, a seconda dei gusti e degli interessi del lettore che si muove liberamente nello spazio web. Un terzo livello di caratteristiche riguarda il diverso grado di sincronicità e interattività dell'informazione fornita, che a questo livello può essere anche limitata, ma che diventa fondamentale quando dal semplice informare online si passa all'orientare. La pagina web informativa deve fornire pertanto le basi attorno cui l'intero dispositivo orientativo si sviluppa.

Dal punto di vista dei contenuti deve sempre essere chiaro l'oggetto dello spazio in cui l'utente si trova, con specifici riferimenti al livello di orientamento in cui si è inseriti (orienting, facilitating e supporting) e al ruolo che si riveste in tale fase (semplice fruitore, attore, produttore di conoscenza, ecc.).

Ad un ulteriore livello la pagina deve contenere riferimenti agli scopi del documento, alla struttura dell'informazione più generale e alle sue funzioni informative. A titolo d'esempio, una guida pre-immatricolazione (sia essa stampabile, sia essa fruibile direttamente dal web) deve indicare chiaramente i propri scopi, comunicando allo studente gli obiettivi generali di quella specifica forma di documentazione, l'uso che ne può fare (ad es. muoversi tra le molteplici risorse online a disposizione, fornendo una mappa concettuale di tali risorse) e le fasi o i documenti che seguiranno (se si progetta un sistema di orientamento a stadi).

Infine, si giunge al livello più specifico, al contenuto stesso del documento. La differenziazione tra documento e pagina web, in questi termini, si riassume nella modalità comunicativa: il documento viene scaricato e richiede un ulteriore passaggio per la sua lettura, mentre la pagina web è generalmente utilizzabile in modo diretto, immediatamente fruibile grazie all'indicazione del suo indirizzo web (o URL, Uniform Locator Resource).

## 2.4.2. FAQ

Le Frequently Asked Questions (FAQ) sono le domande più frequenti poste su un determinato argomento, corredate con le relative risposte.

Se alle origini le FAQ raccoglievano realmente le domande più frequenti, i più recenti sviluppi del web anticipano tali domande e, in fin dei conti, rappresentano una modalità di comunicare determinati contenuti, suddivisi non per titoli astratti, ma per aree tematiche così come potrebbero essere formulati da un ipotetico utente.

In letteratura non sono molto diffusi studi sulla progettazione e realizzazione delle FAQ (Burke et al., 1997; Burnett & Bonnici, 2003; Fleischman, Hovy, & Echihabi, 2003; Harksooa & Jungyunb, 2005; Liang et al., 2008; Savetz, 1996; Stalker & Murfin, 1996; Whitehead, 1995; Wilcox, Hripcsak, Johnson, Hwang, & Wu, 1998) e risulta anche piuttosto difficile isolare tali contributi dalla mole di informazioni che contengono il testo FAQ: si tratta spesso di studi che raccolgono risposte relative ad un determinato argomento e non ricerche specifiche sulle FAQ[3].

In linea generale le FAQ hanno una struttura standard, come indicato nella figura 14: elenco delle domande e successivamente la combinazione domanda-risposta.

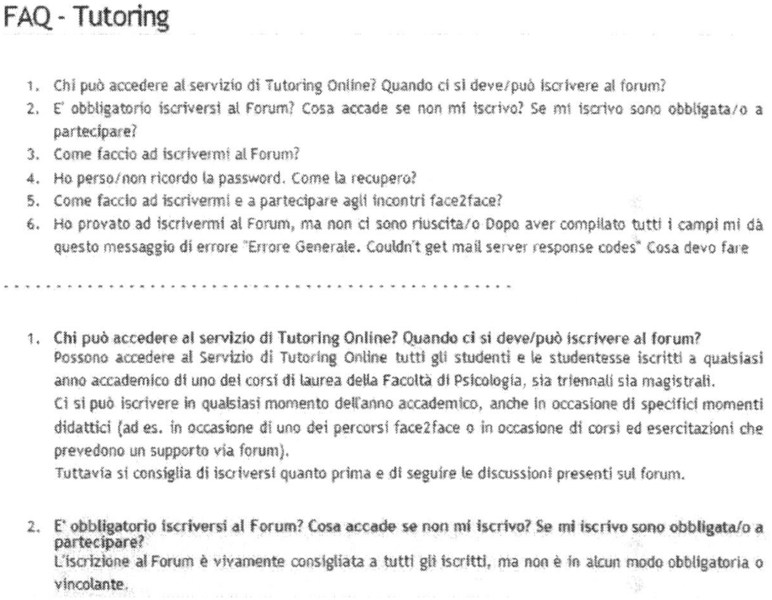

## FAQ - Tutoring

1. Chi può accedere al servizio di Tutoring Online? Quando ci si deve/può iscrivere al forum?
2. E' obbligatorio iscriversi al Forum? Cosa accade se non mi iscrivo? Se mi iscrivo sono obbligata/o a partecipare?
3. Come faccio ad iscrivermi al Forum?
4. Ho perso/non ricordo la password. Come la recupero?
5. Come faccio ad iscrivermi e a partecipare agli incontri face2face?
6. Ho provato ad iscrivermi al Forum, ma non ci sono riuscita/o Dopo aver compilato tutti i campi mi dà questo messaggio di errore "Errore Generale. Couldn't get mail server response codes" Cosa devo fare

- - - - - - - - - - - - - - - - - - - - - - - - - - - - - - - - - - - - - - - - - - - - - - - - -

1. **Chi può accedere al servizio di Tutoring Online? Quando ci si deve/può iscrivere al forum?**
Possono accedere al Servizio di Tutoring Online tutti gli studenti e le studentesse iscritti a qualsiasi anno accademico di uno dei corsi di laurea della Facoltà di Psicologia, sia triennali sia magistrali.
Ci si può iscrivere in qualsiasi momento dell'anno accademico, anche in occasione di specifici momenti didattici (ad es. in occasione di uno dei percorsi face2face o in occasione di corsi ed esercitazioni che prevedono un supporto via forum).
Tuttavia si consiglia di iscriversi quanto prima e di seguire le discussioni presenti sul forum.

2. **E' obbligatorio iscriversi al Forum? Cosa accade se non mi iscrivo? Se mi iscrivo sono obbligata/o a partecipare?**
L'iscrizione al Forum è vivamente consigliata a tutti gli iscritti, ma non è in alcun modo obbligatoria o vincolante.

*Figura 14 – Esempio di Frequently Asked Question*

Come si può osservare, l'elenco iniziale permette all'utente di ricercare la propria domanda e, cliccando sul testo della domanda, essere

---

3    A titolo d'esempio, è sufficiente ricercare sui database CSA la combinazione dei tre termini Frequently Asked Question per ottenere quasi letteralmente migliaia di risultati di cui una percentuale bassissima sono effettivamente inerenti la progettazione e realizzazione di raccolte di domande.

rinviati alla relativa risposta. In alcuni casi, il testo di risposta è arricchito da link di approfondimento e da domande simili dal punto di vista tematico.

## 2.4.3. Forum di discussione

Detto anche bacheca elettronica o bullentin board, è un mezzo di comunicazione online completo e veratile (Kim, 2000; Vanin, Brambilla, & Castelli, 2005a; Zhu, 2007). L'utente può inserire un messaggio (*post*) e comunicare con gli altri utenti che, a loro volta, contribuiscono con un altro *post*, creando una catena di messaggi (*thread*) su un determinato argomento (*topic*).

I forum sono solitamente composti da differenti stanze virtuali (o subforum), che raggruppano le discussioni per aree tematiche e permettono all'utente di seguire determinati filoni di confronto, spostandosi virtualmente da uno spazio all'altro, da un tema ad un altro. Dal punto di vista tecnico la maggior parte dei forum opera ormai con linguaggi e strutture basati su database, in grado di gestire molte informazioni contemporaneamente, consentendo l'accesso a più utenti contemporaneamente. Questo tipo di struttura permette al forum di gestire diverse tipologie di informazioni, che variano sensibilmente a seconda del ruolo che si riveste all'interno dello spazio virtuale. In particolare, per tutti i livelli di utenza sono generalmente possibili questi azioni:

• Gestione personalizzata del proprio profilo, aggiungendo alla propria scheda informazioni quali indirizzo mail, indirizzi di *instant messaging*;
• Aree di condivisione di materiali (*upload/download* di documenti in tutti i formati possibili, a seconda dell'oggetto del forum di discussione);
• Aree di condivisione di collegamenti e link, anche esterni;

- Messaggistica privata, direttamente inserita nello spazio del forum (messaggi privati) oppure mail private;
- Accesso ad elenchi di utenti appartenenti allo staff (amministratori, moderatori, facilitatori, ecc.) ed elenchi di utenti, suddivisi in base a differenti criteri di scelta;
- Spazi di supporto tecnico, con raccolte di domande più frequenti (F.A.Q.), documentazione tecnica e guide in diversi formati;
- Statistiche di accesso, utilizzo, socio-demografiche, ecc. solitamente aggiornate in tempo reale;
- Possibilità di creare reti di amici, con cui costruire direttamente sotto gruppi informali di interazione;
- Funzioni di aggiornamento delle informazioni (ad es. RSS, ossia *Really simple syndication*), in grado di segnalare all'utente quando un certo spazio web è stato aggiornato (ad es. con l'inserimento di un nuovo messaggio)

Dal punto di vista dei moderatori, ossia delle persone che si occupano di gestire l'interazione online, facilitando lo scambio nelle discussioni, facendo rispettare eventuali regolamenti e netiquette, le funzioni si estendono ulteriormente:

- Amministrazione delle diverse discussioni, con possibilità di spostare, chiudere, cancellare, modificare, ristrutturare le discussioni e i diversi contributi degli utenti;
- Gestione degli utenti con possibilità di riprendere, segnalare, bloccare utenti che non rispettano le prassi interattive del forum;
- Gestione di spazi interattivi riservati, con l'amministrazione dei relativi permessi di accesso.

Ad un livello superiore, per l'amministratore (che nella formazione a distanza spesso coincide con l'Instructional Designer, in Ranieri, 2005) tali funzioni vengono gestite ad un livello superiore, con la possibilità di definire ogni singola funzione, permesso, spazio, in particolare:

- Strutturazione materiale degli spazi virtuali, dei gruppi di utenza, delle funzioni interattive, ecc.
- Definizione dei permessi di lettura, scrittura, risposta, inserimento di allegati e documentazione, ecc.
- Amministrazione dei singoli utenti, degli accessi, dei livelli di attività, della messaggistica, ecc.

L'uso di un forum, soprattutto nelle sue versioni più recenti, integrato con gli altri strumenti presentati in queste pagine, è consigliabile in contesti in cui l'interazione e la community di supporto all'attività (Kim, 2000; Scotti & Sica, 2007) è al centro del progetto. In tal senso, l'uso di un forum è particolarmente indicato qualora esista la necessità di porre domande e fornire risposte, di confrontarsi su determinate tematiche, anche in modo approfondito, senza limiti di tempo o di spazio, consentendo ad ogni utente di intervenire quando e come preferisce (Kim, 2000).

Inoltre, il forum fornisce una cronistoria dell'interazione, indicando come la discussione si è evoluta dalle sue origini siano ai suoi sviluppi recenti, permettendo agli utenti di rintracciare l'evolversi della tematica e l'intrecciarsi dei diversi contributi e delle diverse opinioni.

Infine, l'utilizzo di *emoticon* (conosciuti anche con il termine di *smileys*, ossia simboli grafici che rappresentano emozioni, sorrisi, ecc.), di differenti formattazioni della comunicazione, sia diretta (il messaggio in senso stretto), sia indiretta (ossia gli indicatori del profilo, le immagini che caratterizzano ogni singolo utente, in gergo *avatar*), la possibilità di citare testualmente il contributo di altri utenti permettono di personalizzare sensibilmente il proprio contributo e fornire una comunicazione che per molti versi evoca o emula in modo diretto la comunicazione reale.

Dal punto di vista dell'orientamento online, il forum risulta essere, pertanto, lo spazio privilegiato di un'interazione online che risponde alle seguenti esigenze:

- Punto di confronto unico, ma diversificabile per area tematica (aspetti burocratici, organizzativi, didattici, informativi, sociali, ecc.) e, al suo interno, per differenti argomenti (le discussioni);

• Comunicazione molti-a-molti, declinata a seconda delle funzioni di coloro che interagiscono (studenti, tutor, docenti, amministratori, a seconda della struttura e delle funzioni interattive previste);

• Comunicazione a-sincrona, ma facilmente aggiornabile in tempo reale (vista la materia oggetto delle discussioni);

• Personalizzabile e identificabile, per alcuni versi, indipendentemente dalla tipologia di utenza, accattivante, giovane e tecnologicamente all'altezza dei tempi.

• Possibilità di gestire differenti contenuti.

In fase di progettazione, tali istanze devono essere ampiamente previste e lo spazio web dinamico in cui si sviluppa il forum deve poter far fronte ad un altro aspetto, già indicato nei capitoli precedenti, ossia la community degli utenti che ruotano attorno al forum. Le indicazioni in tal senso sono molte (Ardizzone & Rivoltella, 2003; Kim, 2000; Koh et al., 2007; Jenny Preece et al., 2004; Scotti & Sica, 2007; Wise, Hamman, & Thorson, 2006) e mirano tutte al maggior coinvolgimento degli utenti, alle tipologie di intervento dei moderatori e degli utenti più esperti, alla coltivazione e incentivazione degli utenti in grado di portare crescita nella community, ai rituali di socializzazione. Il forum diventa pertanto uno spazio che non accoglie solo informazioni, opinioni e indicazioni, ma favorisce l'interazione a distanza tra le persone interessate ad un determinato argomento. I suoi spazi, di conseguenza, devono facilitare l'accesso all'informazione, costituendo percorsi semplificati in cui ogni utente può trovare ciò che sta cercando, non solo dal punto di vista ergonomico, in termini di usabilità e accessibilità (Krug, 2006; Nielsen, 2000; Re, 1995), ma dal punto di vista cognitivo, relazionale, sociale, didattico (Calvani, 2002).

## 2.4.4. Il blog

Il termine deriva dalla contrazione di web-log (Bonaiuti, 2006), che significa "diario in rete" e indica un particolare sito web su cui si possono caricare contenuti testuali e multimediali di vario tipo (immagini, video, file audio e note) da parte di uno o più editor (blogger).

Tale materiale, una volta reso pubblico, può essere strutturato in diversi modi, ad esempio, per ordine cronologico (le note vengono presentate nella pagina dalla più recente alla più vecchia) o per categorie, sezioni, tematiche.

L'offerta attuale di servizi di blogging gratuiti favorisce una notevole personalizzazione dell'aspetto, delle funzioni interattive, dei permessi di scrittura e, in generale, della strutturazione dell'informazione, costruita come vero e proprio ipertesto interconnesso costantemente con la rete e, nello specifico, con un numero relativamente ristretto di altri blog.

Inoltre, non è azzardato affermare che l'offerta di piattaforme online gratuite per la gestione completamente autonoma di un blog lo rende consigliabile a quelle realtà che non dispongono né di particolari risorse economiche, né di specifiche competenze tecniche, in quanto molto più semplice da gestire e di immediata amministrazione di molti CMS (*Content Management System*) più complessi e articolati.

Il blog risulta particolarmente interessante per i nostri scopi, in quanto consente non solo di raccogliere informazioni, ma prevede la possibilità di interagire con i lettori che possono aggiungere commenti e osservazioni al messaggio inserito dall'autore. In effetti, dalle sue origini quasi esclusivamente private, riservato ad esperti del settore informatico, oggi il blog viene sfruttato da diverse realtà organizzative, educative, culturali, in quanto strumento versatile per la comunicazione uno/pochi-a-molti.

Si tratta pertanto di uno strumento molto potente per aggiornare informazioni relative ad un determinato contesto, arricchendole con strumenti multimediali e vitalizzandolo con un costante aggiornamento dei link alla rete, alle risorse informative, ad altri strumenti di informazione.

Nel caso dell'orientamento online, accanto all'ormai diffusa applicazione a contesti scolastici di diverso grado, è possibile immaginare le seguenti applicazioni.

• Aggiornamento da parte dell'organizzazione didattica di informazioni amministrative, organizzative, burocratiche, ecc. in una sorta di periodico online;
• Organizzazione eventi, gestione avvisi, orientamento informativo a diversi livelli;
• Comunicazione extracurricolare, inter- ed extra-disciplinare da parte dei singoli soggetti (docenti, tecnici, amministrativi, tutor, studenti);

Come si può osservare le categorie indicate sono piuttosto generali ma si pongono due obiettivi fondamentali. Da una parte l'utilizzo di un blog rappresenta una forte comunicazione dall'interno dell'organizzazione ai suoi membri di costante aggiornamento delle informazioni fornite: nelle molteplici forme interattive che si possono prevedere, così come nelle sostanziali differenze tematiche, il blog è un chiaro segnale di apertura e trasparenza, di rinnovamento delle fonti informative e permette una rapida interazione sia con l'interno che con l'esterno. D'altra parte, l'utilizzo di simili dispositivi, favorisce l'aggregazione e la socializzazione, contribuendo alla formazione e allo sviluppo della community accademica, favorendo il senso di partecipazione e integrazione nel sistema didattico (Schmidt, 2007). Entrando nello specifico delle categorie indicate, vogliamo sottolineare alcuni elementi fondamentali.

Per quanto concerne la prima categoria, il blog si distacca ampiamente dalle tradizionali bacheche online di avvisi, ormai piuttosto frequenti in quasi tutte le realtà accademiche italiane. Il blog, per la sua relativa facilità di utilizzo, può sostituire o integrarsi facilmente con altri strumenti quali, ad esempio, le raccolte di domande più frequenti (F.A.Q.) e risolvere agilmente eventuali problemi di aggiornamento professionale dello staff didattico e amministrativo o eventuali lacune strutturali (Frazee, 2002; Jones & Laffey, 2002; O'Donoghue, Singh, & Dorward, 2001; Spitzer, 2002). Inoltre, anche per la seconda tipologia di attività, la possibilità di aggiornare rapidamente il sistema, di creare agilmente link alla rete, tenere traccia cronologica delle informazioni e la personalizzazione dell'informazione, lo rende anche attraente dal punto di vista innovativo e tecnologico.

Infine, per un possibile utilizzo per molti versi originale del blog in qualità di strumento di orientamento, ossia il suo uso periodico da parte dei docenti o degli studenti frequentanti per tenere traccia delle lezioni universitarie, delle discussioni avviate, delle domande più frequenti durante la lezione, ecc. Si tratta di un utilizzo particolare del blog, che permette una continuazione didattica della lezione anche al di fuori dell'aula, consentendo ai non frequentanti di mantenere un contatto con il docente e con i compagni.

## 2.4.5. Wiki: i documenti condivisi

Negli ultimi anni il modo di vivere Internet è cambiato notevolmente, tanto da far parlare di rivoluzione del web 2.0: in primo luogo l'utente non è più solo lettore passivo di pagine *html*, ma anche editore di testi (Bonaiuti, 2006); in secondo luogo può condividere e co-costruire i materiali prodotti.

Per il secondo aspetto, ossia la possibilità di costruire insieme, contemporaneamente e in modo sincrono un medesimo artefatto, il Wiki (Mari, 2004) rappresenta lo strumento esemplare. Si tratta in estrema sintesi di uno spazio web che può esser protetto da password per le modifiche e che consente agli utenti di scrivere parti di testo, di modificare la struttura complessiva e le parti di altri utenti, tenendo traccia di ogni singola modifica, con la possibilità di tornare a versioni precedenti.

La relativa semplicità di utilizzo e la sua versatilità nella gestione di diversi tipi di informazione, rende il Wiki uno strumento particolarmente interessante per l'orientamento online, sia in entrata, sia in itinere. In particolare si possono prevedere almeno due utilizzi.

Una prima applicazione del Wiki riguarda la possibilità da parte degli studenti già membri del sistema didattico (studenti già iscritti o membri di una qualsiasi community di orientamento) di costruire guide e documenti orientativi di vario genere per informare, orientare e supportare i nuovi membri. In tal senso è possibile immaginare una co-costruzione di guide "non ufficiali" per l'immatricolazione, con suggerimenti per affrontare la prova di selezione, per muoversi nel sistema didattico, oppure presentazioni del sistema didattico visto dall'interno, con l'occhio dello studente e non dell'orientatore o del docente, o ancora, l'elaborazione di regolamenti, istruzioni, manuali d'uso, ecc.

Una seconda applicazione, che rientra anch'essa nell'auto-orientamento e, comunque, in forme di peer-tutoring, è la redazione di una sorta di enciclopedia di appunti, schemi, riassunti, un documento condiviso in cui gli studenti possono integrare i propri materiali di supporto alla didattica.

Uno spazio simile, indipendentemente dall'oggetto della documentazione e dalle diverse applicazioni (Bonaiuti, 2006; Mari, 2004) risponde ad una duplice esigenza orientativa. In primo luogo, la condivisione e costruzione di materiali ad hoc, in grado di offrire una lettura localizzata e culturalmente situata di un determinato oggetto (sia esso un corso di laurea, la partecipazione ad un intervento formativo, o qualsiasi altro evento didattico, interattivo, culturale, ecc.). In tal senso, il wiki, come il blog nelle applicazioni che abbiamo appena presentato, permette di comunicare all'esterno una prospettiva dall'interno, fornendo indicazioni e informazioni da chi ha già superato una certa fase (di ingresso, di accesso, di processo, di uscita, ecc.) a chi la deve ancora affrontare.

Un secondo ordine di considerazioni riguarda l'opportunità di partecipare attivamente all'orientamento, non sono in termini di fruitori, ma in termini di attori, passando per alcuni versi al ruolo di orientatori. Questo aspetto è particolarmente rilevante, in quanto trascende gli schemi classici dell'orientamento e pone le basi per un'azione orientativa di più ampio spettro, in cui la community orienta i propri membri, supportata nella strumentazione, nella progettazione e nella realizzazione dall'organizzazione didattica.

La co-costruzione di documenti informativi, in questi termini, coinvolge, responsabilizza, rende consapevoli i partecipanti del percorso dei risultati ottenuti, degli sforzi necessari per raggiungere determinati risultati e li spinge ad una rielaborazione consapevole dei comportamenti efficaci intrapresi, nella necessità di una riflessione metacognitiva utile per spiegare ad altri tale processo.

## 2.4.6. Le chat e gli strumenti di interazione sincrona

Gli strumenti di interazione online di cui abbiamo parlato finora si caratterizzano per la a-sincronicità, nel senso che la comunicazione tra gli utenti non avviene in tempo reale.

Vi sono contesti, tuttavia, in cui la sincronicità è necessaria, anche per ovviare alla depersonalizzazione di certi strumenti di CMC.

Nell'epoca di spazi virtuali ad alto contenuto tecnologico (come il caso di Secondlife), non risulta fuori luogo o superato il sistema delle Chat Room (o Chat Line, in sintesi CHAT) o dei più recenti sistemi di Instant Messaging.

Con il primo termine ci riferiamo a spazi virtuali in cui più persone possono comunicare in modo prevalentemente testuale. La prima esperienza di chat che ha goduto di una certa diffusione è stata negli anni ottanta l'Internet Relay Chat (IRC) che ha costituito (e per molti versi costituisce ancora) uno dei più importanti punti di riferimento. La chat, in senso stretto, opera attraverso uno spazio web che permette a molti utenti di accedere, solitamente tramite username e password e comunicare simultaneamente con altre persone. L'Instant Messaging, rappresenta la naturale evoluzione di questo sistema e prevede un software residente nel personal computer dell'utente (o in alcuni casi direttamente su web) detto messenger in grado di connettersi ad una specifica rete.

Quando l'utente si connette ad internet il messenger mostra un elenco di altri utenti (selezionati direttamente dall'utente), indicando quali sono in linea e contattabili, quali assenti, occupati, e via dicendo. Con poche mosse è quindi possibile entrare immediatamente in contatto con uno o più utenti contemporaneamente.

Esistono diverse tipologie di servizio e le funzioni e opzioni di ogni messenger possono essere molto diverse, tra le quali spiccano sicuramente le recenti evoluzioni del VoIP (acronimo di Voice over Internet Protocol), che affiancano ad un sistema di messaggistica testuale la possibilità di comunicare a voce, sostituendo il telefono.

La principale differenza tra i sistemi tradizionali di chat online via server e gli instant messenger che interessano i nostri scopi riguardano principalmente il numero di utenti coinvolti, gli scopi interattivi e l'integrazione con la rete di strumenti utilizzati per l'orientamento online.

In primo luogo, un sistema di instant messaging prevede che ogni utente inserisca una rubrica di altri utenti, che può essere più o meno corposa a seconda della propria rete sociale. In tal senso, l'utilizzo di un sistema di instant messaging non può essere consigliabile per sistemi di tutoring che includono molti utenti, in quanto prevederebbe che ogni persona includa nella propria rubrica tutti gli altri soggetti coinvolti nel progetto. Di conseguenza, la strumentazione idonea per una comunicazione sincrona relativa al supporto e all'orientamento online non può che essere la chat.

In questi termini, si può immaginare una chat riservata ai soli studenti e docenti, che preveda la possibilità di generare e amministrare stanze private (per una comunicazione più ristretta, come nel caso di un confronto tra un docente e pochi studenti del proprio corso, tra più docenti o tutor, tra una figura amministrativa e alcuni studenti, e via dicendo), con differenti gradi di moderazione della conversazione (censura linguaggio volgare, link diretti per cui ogni volta che viene usata una determinata parola, ad es. Facoltà, viene trasformata in un link al sito della Facoltà, permessi di accesso e scambio materiali, registrazione dei log, ecc.) e differenti livelli di personalizzazione della comunicazione (font, emoticon, smileys, ecc.).

Una chat configurata prestando attenzione non solo alle sue finalità interattive, ma anche agli aspetti ergonomici relativi all'usabilità e accessibilità (Krug, 2006; Nielsen, 2000; Visciola, 2000), permette di estendere la comunicazione orientativa e renderla più rapida e immediata. In tal senso, un secondo ordine di riflessioni riguarda le finalità interattive: per quali scopi è possibile attivare una chat in un sistema di orientamento online? Indubbiamente le applicazioni possono essere differenti:

- Momenti di incontro e confronto tra orientatore e studente;
- Organizzazione di eventi, discussioni, dibattiti, conferenze online;
- Gestione del lavoro dei tutor
- Sostituzione dei classici incontri in presenza

Risultano evidenti i limiti di tale approccio, che escludono le forme di orientamento tradizionale direttamente associate al counselling e al colloquio. La chat può essere un valido strumento informativo, rapido e innovativo, utile per fornire collegamenti immediati, comunicare con più persone contemporaneamente in tempo reale, ma allo stesso tempo necessità di una discreta integrazione con l'intero sistema informativo: risulterebbe vano, costoso e inefficiente concentrare sulla chat l'intera comunicazione relativa all'orientamento.

## 2.5. Considerazioni sugli strumenti in generale

Sono stati sin qui presentati gli strumenti più diffusi e più adatti al contesto didattico. La descrizione non pretende di essere esaustiva, perché esistono molti altri strumenti (Bonaiuti, 2006) tecnologicamente più sofisticati o legati a specifiche esigenze di settore, che non sono stati presi in considerazione in quanto appunto non idonei al contesto di cui ci occupiamo.

Il quadro offerto presenta comunque alcuni spunti di riflessione, applicabili ad un livello più ampio all'uso che l'orientamento online può fare della tecnologia e ad alcune implicazioni metodologiche, soprattutto per quanto concerne la progettazione e realizzazione, nonché l'integrazione con il sistema didattico.

Un primo ordine di considerazioni riguarda la meta-formazione all'uso di questi strumenti che richiama al problema più generale del digital divide (Eastin & LaRose, 2000; Hargittai & Hinnant, 2008; O'Donoghue, Singh, & Green, 2004; Recabarren et al., 2008; Sun, 2008). A partire da una riflessione sul *chi è* lo studente che richiede orientamento #Ardizzone e Rivoltella, 2003 #34], su quali competenze e quale profilo di partenza possiede (Vanin et al., 2007), è possibile progettare sistemi di orientamento che progressivamente valorizzino e mettano lo studente in grado di accedere agli stadi successivi.

In questo senso, l'uso delle nuove tecnologie richiede una maggior attenzione proprio al rischio che la modalità online, paradossalmente, disorienti lo studente. Tuttavia, la crescente diffusione del web di seconda generazione, ad esempio con la recente esplosione del fenomeno dei social network, può alleggerire tale preoccupazione: come si vedrà nel capitolo successivo, l'utilizzo di strumenti ormai piuttosto diffusi nella realtà quotidiana anche dei potenziali iscritti può trasformarsi in un vantaggio a favore del sistema didattico. Detto altrimenti, se un'agenzia formativa sfrutta le potenzialità di Facebook, Twitter, elabora una piattaforma di blog per informare sulle news relative al sistema didattico, integra l'instant messaging per il ricevimento degli studenti oppure adotta forum di discussione simili a quelli utilizzati da community informali su temi legati al tempo libero, può facilitare molto coloro che già utilizzano questi strumenti e, allo stesso tempo, offrire un campo di applicazione di competenze tecnologiche ormai abbastanza imprescindibili.

Un secondo ordine di considerazioni concerne la progettazione del supporto in itinere che deve essere assolutamente offerto accanto a tutti gli strumenti interattivi descritti. Si tratta della fase di Supporting, descritta nel primo capitolo che, in realtà, si rende necessaria sin dalle prime fasi del processo di orientamento online.

Il paradosso della guida informativa su come scaricare un pdf, disponibile online in formato pdf è illuminante sul rischio di circoli viziosi in merito all'offrire supporto tecnico. In questi termini, le informazioni strumentali, ossia utili per accedere al sistema informativo devono esser emesse a disposizione nelle forme più semplici e immediate e in tutto il percorso informativo deve essere offerto supporto operativo: come scaricare un file, come installare un reader o un viewer, a titolo d'esempio, devono essere sezioni fondamentali disposte accanto ad ogni guida online o strumento interattivo.

Un terzo ordine di considerazioni associato a questo aspetto concerne la necessità di fornire aree test e aree di benvenuto utili per i new bies per testare le funzionalità interattive dello spazio in cui si trovano (Ardizzone & Rivoltella, 2003; Kim, 2000; Scotti & Sica, 2007), così come la possibilità di navigare tra gli archivi del materiale presentato. Si tratta di soluzioni tecniche di poco costo ma grande rilevanza metodologica, ossia accorgimenti in grado di mettere gli utenti a proprio agio e consentire un ingresso graduale nel sistema didattico, senza resistenze o ostacoli (Frazee, 2002; Lee, 2001).

Infine, va considerato l'utilizzo della Netiquette degli spazi interattivi. Con questo termine si fa riferimento ad un insieme di regole di comportamento negli spazi di interazione online. Si tratta di guide che raccolgono una serie di comportamenti consigliati, sconsigliati oppure espressamente vietati in un determinato ambiente online (forum, chat, blog, ecc.). Tali norme, come sarà evidente nel paragrafo successivo, offrono una garanzia all'utente sul rispetto di alcuni principi di convivenza online e, in seconda battuta, offrono istruzioni precise su come comportarsi e come comunicare con gli altri membri (Bozarth et al., 2004).

## 2.6. La community online

Si tratta di "un gruppo di persone con una serie di interessi e obiettivi condivisi, interessate a conoscersi sempre meglio nel corso del tempo" (Kim, 2000, p. 30). Si possono individuare almeno tre categorie di community online: informali, caratterizzate da scopi autodeterminati derivati da interessi comuni; di apprendimento, che si prefiggono un preciso scopo di apprendimento attraverso la partecipazione ad attività didattiche, con condivisione di informazioni; e di pratiche #principalmente professionali e legate dall'esigenza di condividere esperienze, soluzioni concrete, costruendo una rete attiva di conoscenza; \Fabbri, 2007 #222].

Risulta evidente che una community online composta prevalentemente da studenti coinvolti nel medesimo progetto di formazione a distanza presenti, seppure in gradi diversi, tutte le tre tipologie indicate. Nelle community da noi studiate, l'elemento informale emerge per molti versi come secondario, laterale rispetto agli altri due. Tuttavia tale elemento risulta essere fondamentale e trainante, rappresentando il nucleo "affettivo" della community.

La seconda tipologia è quella più calzante e fornisce preziose indicazioni su come operare scelte radicali nella progettazione, nello sviluppo e nella conduzione di community online, in particolare per quanto concerne il ruolo dei tutor nel processo di apprendimento e insegnamento e dello sviluppo dell'impianto didattico più generale, "in cui conoscenze, teorie e saperi hanno senso se consentono la rilettura dell'esperienza, la costruzione di un nuovo universo di significato, l'elaborazione di nuovi modelli operativi" (Fabbri, 2007, p.

58) e, nel caso specifico studiato, aggiungiamo lo sviluppo di competenze psicologiche.

La terza tipologia di community, quella di pratiche, si discosta dalle precedenti per connotazione e profilo, ma presenta un elemento importante, utile per definire il ruolo della componente orientativa nella formazione a distanza. Ci riferiamo al concetto di "partecipazione periferica legittimata" (Wenger, 2006), in cui si concretizza l'attenzione alla gradualità dell'accesso all'informazione e della progressiva partecipazione. Metaforicamente si tratta di un graduale passaggio dall'esterno, dalla periferia sino al centro del sistema didattico, in cui la reificazione dell'informazione "offre ai new comers qualcosa di visibile e di fisso per cui impegnarsi nella ricerca della piena appartenenza, ma non garantisce loro l'accesso alle forme rilevanti dell'appartenenza" (Wenger, 2006, p. 294). In tal senso, è la community che chiude il cerchio, fornendo agli ultimi arrivati (le nuove matricole) le coordinate per integrarsi nel sistema.

Il ruolo della community nell'orientamento online rappresenta il livello più alto che tale modello può raggiungere: al centro del processo formativo non esiste più esclusivamente il sistema didattico come realizzatore del percorso, ma tutti i suoi membri diventano attori del processo. A titolo d'esempio, come sarà più evidente nel prossimo capitolo, lo sviluppo di una community solida (Bishop, 2007; Cesareni et al., 2008; Christie et al., 2007; Cleveland-Innes, Garrison, & Kinsel, 2007; O'Murchu, Breslin, & Decker, 2004; Porter, 2004; Scotti & Sica, 2007) può offrire un supporto tra pari efficace e, per molti versi, persino più attraente delle modalità tradizionali, in cui la comunicazione da parte degli iscritti ad un corso risulta essere motivante, completa e più diretta. Naturalmente tali soluzioni devono essere integrate con una comunicazione ufficiale e proveniente direttamente dal sistema didattico.

## 2.7. Il sistema didattico

Quando parliamo di sistema didattico intendiamo l'organizzazione che di adopera affinché gli studenti raggiungano un determinato obiettivo di formazione.

Più analiticamente, possiamo distinguere tra organizzazione in senso fisico, struttura sociale (le persone che vi operano), struttura tecnologica (gli strumenti utilizzati) e aspetto culturale (Hatch, 1999). Per quanto riguarda gli obiettivi dell'orientamento online, Pan e Scarbrough (1999), secondo un approccio che loro stessi definiscono "socio-tecnico", ovvero una prospettiva che si concentra sull'interconnessione tra i sottosistemi sociali e i fattori tecnologici delle organizzazioni che operano nel campo della conoscenza, delineano tre componenti essenziali. Riconducendo al contesto educativo il loro contributo[4], la base del sistema è l'infrastruttura, intesa come la struttura organizzativa e tecnologica che permette concretamente l'interazione tra i soggetti coinvolti e rappresenta la base fisica ("hardware/software"), oltre che virtuale, dell'intero impianto didattico. Nell'infrastruttura possiamo ritrovare quella che gli autori definiscono "architettura della conoscenza", ossia l'insieme dei documenti (ad esempio, nel nostro caso, le guide dello studente) e delle entità (ad esempio, i database delle segreterie di Facoltà) che rappresentano la memoria dell'organizzazione.

Ad un altro livello, troviamo l'infostruttura, ossia l'impianto formale di norme, consuetudini e significati condivisi che regolano la vita formativa e didattica dello studente, in quanto soggetto attivo di un processo di costruzione della conoscenza e attore del sistema stesso. Rientrano nell'infostruttura i "percorsi" dell'informazione, in particolare l'accesso, il processamento e l'erogazione della stessa, senza

---

4       Il contributo di Pan e Scarbrough si concentra prevalentemente su alcuni elementi del Knowledge Management nelle organizzazioni, sebbene alcune conclusioni e la lettura di certi elementi vengano poi efficacemente applicati da Jones e Laffey (2002) al contesto dell'eLearning.

scordare le strutture materiali deputate a tali attività (ad esempio, i passaggi delle pratiche tra le differenti segreterie).

Infine, queste due componenti si integrano con l'infocultura, che rappresenta lo scenario in cui la condivisione della conoscenza e la costruzione di senso gettano le proprie radici, lo sfondo in cui vengono definite le dinamiche di condivisione delle informazioni e della conoscenza. Nell'infocultura riscontriamo l'insieme di pratiche, norme, percezioni e comportamenti organizzativi che regolano e legittimano lo scambio di informazioni, incluse le micro-comunità di scambio (ad esempio, la rete costituita dagli uffici amministrativi) e le pratiche tra queste condivise.

Nel modello di Pan e Scarbrough (1999), questi tre elementi sono rappresentati da aree concentriche, in cui il passaggio dall'infrastruttura, all'infostruttura sino all'infocultura determina un progressivo passaggio da fattori prevalentemente tecnici (specifici dell'infrastruttura) a componenti socio-culturali (rappresentati dall'infocultura).

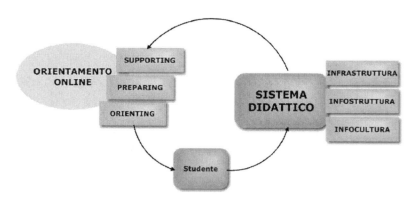

*Figura 15 – Integrazione orientamento online e struttura didattica*

Ad un livello più applicativo, non va scordato il legame con gli studenti, in termini di accesso al processo formativo e di *fit* (inteso come capacità di adattarsi al sistema e possibilità di chiedere al sistema di incontrare anche le specifiche esigenze individuali). In questi termini, dall'ingresso nell'organizzazione universitaria fino al termine della carriera accademica, Università e studente interagiscono continuamente ed è responsabilità della prima mettere il secondo in condizione di accedere a un processo formativo di qualità, accogliendolo, sostenendolo nell'accesso delle risorse ed esigendo, come riscontro, una preparazione coerente alle aspettative.

La circolarità indicata dalla figura 3 si riferisce all'uso possibile dell'informazione: la struttura didattica fornisce informazioni sulla base di tre principali stadi di orientamento. A livello contenutistico, accanto a quanto riportato più sopra nel paragrafo 2.3 a pag. 65, fornisce implicite (spesso esplicite) indicazioni sulle tre componenti individuate da Pan e Scarbrough. Alllo stesso tempo, può utilizzare le informazioni fornite dagli studenti stessi (in termini di domande, richieste, proposte) per ottimizzare il sistema informativo e adattare il processo di orientamento online alle esigenze degli utenti.

Come ultima considerazione su questi aspetti organizzativi, è necessario riprendere il concetto di cultura, insito nel modello proposto. Con riferimento al concetto di cultura organizzativa, Schein (Schein, 1985, 2000) individua tre elementi fondamentali, ovvero gli assunti e le credenze (percezioni, pensieri, sentimenti, ecc.), le norme e i valori (ossia i criteri, i principi sociali, gli obiettivi e gli standard a cui l'organizzazione attribuisce valore) e, infine, gli artefatti (i prodotti concreti attraverso cui la cultura si manifesta).

Dal punto di vista dell'orientamento online tali elementi vengono veicolati mediante il materiale condiviso con gli studenti e forniscono importanti indicazioni su "come muoversi" nell'ambito dell'organizzazione didattica, anche al di là dei semplici aspetti didattici, organizzativi e burocratici.

A titolo d'esempio, quanto indicato più sopra relativamente alla Netiquette può essere riletto come condivisione di comportamenti, norme, regole e rituali che possono essere considerati come validi ed efficaci per il raggiungimento degli scopi dell'organizzazione stessa e degli individui che vi prendono parte, in particolare per gli studenti.

## 2.8. Alcune riflessioni sull'orientamento online

Partendo dal modello proposto da Engeström (1999), in questo capitolo abbiamo delineato alcune linee guida che individuano gli elementi distintivi dell'orientamento online: i soggetti (operatori e studenti) e gli oggetti (l'informazione, secondo varie accezioni). Tali opposti di un ipotetico continuum prendono vita grazie a diversi strumenti che, grazie alle più recenti evoluzioni del web di seconda generazione (Bonaiuti, 2006; Porteneuve, 2007) possono offrire molti spunti e opzioni di utilizzo. L'evoluzione tecnica degli strumenti descritti, inoltre, permette soluzioni fino a qualche anno fa poco praticabili in quanto costose in termini di progettazione, realizzazione e, soprattutto, di utilizzo.

L'orientamento online, nelle sue forme più interattive, mira ad assorbire per molti versi la community stessa dei soggetti coinvolti tra i propri strumenti di orientamento. Detto diversamente, la community di tutti coloro che prendono parte ad un progetto didattico che adotti le modalità online per orientare, preparare e supportare i propri studenti può assumere il ruolo fondamentale di offrire un'informazione più calibrata sulla base delle specifiche esigenze degli studenti stessi. In una modalità che potremmo definire bottom-up, sono gli studenti stessi che offrono orientamento ai loro potenziali compagni di corso, con la supervisione e il supporto del sistema didattico stesso.

Questo aspetto fornisce, come ultimo punto, specifiche indicazioni sugli aspetti culturali del sistema didattico, andando oltre la semplice informazione. In tal senso, l'orientamento che in questo caso possiamo definire "integrato" non fornisce solo informazioni sulla scelta e indicazioni sul superamento dei possibili ostacoli che lo studente può incontrare, ma rientra a pieno titolo in un sistema di orientamento formativo (Biagioli, 2003; C. Castelli, 2002; Gao et al., 2005), parte integrante del più ampio sistema didattico.

# Capitolo 3

## La sperimentazione dell'orientamento online presso la Facoltà di Psicologia di Milano Bicocca[5]

Abbiamo delineato, nei capitoli precedenti, la metodologia per sviluppare un sistema di orientamento online attraverso l'uso di nuove tecnologie. Come contesto di riferimento abbiamo esaminato, in particolare, il percorso formativo del corso di laurea, ma la stessa metodologia può essere applicata anche a contesti diversi.

Quanto riportato in letteratura, in particolare per quanto concerne le ricerche sulle modalità di preparazione e supporto a percorsi formativi a distanza (Piskurich, 2003; Vanin et al., 2008) e, in generale, all'uso delle nuove tecnologie nella formazione (Foshay & Bergeron, 2002; Frazee, 2002; Gervedink Nijhuis & Collis, 2005; Hall, 2002), permette di individuare uno scenario in cui la sperimentazione del modello proposto permetta di valutarne l'applicabilità e le implicazioni metodologiche. Nella fattispecie, risulta necessario individuare quali sono i possibili campi di applicazione del modello, quali i rischi e gli eventuali costi che il modello comporta nella sua realizzazione, quali i risultati e gli effetti sulla didattica, sulla prevenzione del dropout (Booker & Rebman, 2005; Kotsiantis et al., 2003; Moshinskie, 2002; O'Donoghue et al., 2004; Spitzer, 2002), sulla performance accademica (Davies & Graff, 2005; Johnson, Hornikb, & Salas, 2008; Recabarren et al., 2008), sulla partecipazione attiva al sistema didattico (Caspi & Blau, 2008; D. R. Garrison & Cleveland-Innes, 2005; Johnson et al., 2008; Kanuka, Rourke, & Laflamme, 2007; Offir, Lev, & Bezalel, 2008).

---

5      Oggi si chiamano Dipartimenti, al tempo della sperimentazione si chiamavano ancora Facoltà.

Le seguenti pagine si pongono l'obiettivo, pertanto, di presentare i risultati di una sperimentazione graduale del modello proposto a partire dall'anno accademico 2003-2004 presso il corso di laurea a distanza in Discipline della Ricerca Psicologico Sociale – Consorzio Nettuno, attivato proprio in quell'anno presso la Facoltà di Psicologia di Milano Bicocca.

Il presente capitolo descrive le fasi progettuali e le ricerche inerenti l'applicazione del modello di orientamento online, specificando i risultati ottenuti e i limiti di taluni approcci.

Considerata la natura e la complessità della sperimentazione, nonché la durata e la mole di dati prodotta nel corso degli ultimi sei anni di sperimentazione, optiamo per l'adozione della metodologia del "case study" (Gomm, Hammersley, & Foster, 2000; Yin, 2008). Tale metodologia prevede una struttura piuttosto standard che prende avvio da determinate problematiche individuate nel contesto di ricerca e analizza, prevalentemente dal punto di vista qualitativo, le soluzioni adottate, individuando i possibili punti di applicazione a contesti analoghi o le necessarie variazioni utili per contesti differenti.

Tuttavia, tale struttura non sarà così rigida e nel corso delle prossime pagine verranno descritte da un lato le problematiche individuate nelle diverse tappe di sviluppo della sperimentazione, dall'altra le soluzioni adottate per risolvere tali situazioni.

Come prima nota metodologica, è necessario osservare la diversa accezione del termine "sperimentazione". Trattandosi di un contesto organizzativo, in cui la complessità delle variabili in gioco è decisamente elevata, utilizziamo il termine in un'accezione più applicativa, strettamente connessa con la ricerca di questo tipo nel campo della psicologia delle organizzazioni e del lavoro (Avallone, 1994; Depolo, 1998; Drenth, 1984; Fraccaroli, 1998, 2007; Hatch, 1999; Piccardo & Benozzo, 1996; Schein, 1985; Webb & Weick, 1979; Wilkins & Ouchi, 1983).

In tal senso, per "sperimentazione" indichiamo dapprima l'analisi del contesto di studio, l'individuazione di aree critiche e, successivamente, l'applicazione di determinati dispositivi organizzativi

(Hatch, 1999) per risolvere tali problematiche. Infine, la valutazione dei risultati (in termini quali-quantitativi) e la riflessione metodologica sull'applicabilità di tali soluzioni a contesti differenti.

Infine, dal punto di vista dell'applicabilità del modello presentato a contesti differenti, si rammenti quanto già indicato nelle pagine precedenti, in merito al contesto di studio: in queste pagine ci concentreremo prevalentemente sull'applicazione ad un corso di laurea a distanza (per quanto riguarda l'orientamento online in senso stretto).

Ad una lettura superficiale, da questo panorama sembrano esclusi i percorsi di formazione non universitari e i contesti di orientamento non educativo, ad esempio, quelli prevalentemente professionali. Le indicazioni fornite in letteratura, gli strumenti didattici, interattivi e comunicativi studiati in diverse discipline che si occupano dell'interazione uomo-macchina, del ruolo delle nuove tecnologie nella società contemporanea e delle tematiche connesse a tali campi di indagine, tuttavia, forniscono sufficienti strumenti concettuali per applicare, con poche variazioni, tale modello a contesti del tutto differenti. Le indicazioni bibliografiche fornite nel testo vanno proprio in questa direzione, ossia fornire le coordinate necessarie per applicare il modello a contesti differenti.

## 3.1. Premesse

La Facoltà di Psicologia dell'Università di Milano Bicocca ha attivato, nell'anno accademico 2003-2004, il primo anno del Corso di Laurea a Distanza in Discipline della Ricerca Psicologico-Sociale (DRPS) in collaborazione col Consorzio Nettuno[6] (Garito, 2002;

6      Per ulteriori informazioni è possibile consultare il sito web del Consorzio Nettuno: www.consorzionettuno.it, mentre informazioni relative ai corsi di laurea indicati in queste pagine, sono disponibili all'indirizzo www.nettuno.unimib.it e più generalmente www.psicologia.unimib.

Ligorio et al., 2006). Precedentemente è stato attivato, presso la Facoltà di Sociologia, il CdL a distanza in Scienze del Turismo e Comunità Locali (STCL), sempre in collaborazione col Consorzio Nettuno.

Il CdL a distanza appartiene alla classe 34, ma differisce dal tradizionale corso di Scienze e Tecniche Psicologiche per la modalità di formazione a distanza mista proposta dal modello del Consorzio Nettuno: gli iscritti prendono visione delle lezioni videoregistrate (disponibili in prestito presso la biblioteca d'Ateneo, trasmesse via satellite sui canali Rai e Raisat Nettuno, acquistabili e, in parte, disponibili online) e sostengono gli esami in presenza presso l'Ateneo. Nel modello originale, tale meccanismo viene integrato dalle risorse disponibili online (dispense, lucidi, bibliografie, ecc.) e da un insieme di strumenti di interazione (sito web nazionale, forum, mailing list, chat, ecc.).

Dalla sua attivazione ad oggi il modello didattico locale si è sensibilmente arricchito rispetto alla sua concezione originaria, muovendosi nella direzione di un e-learning di ultima generazione: gli strumenti al servizio dell'apprendimento online sono diventati progressivamente più articolati, passando da semplici mailing list, a forum di discussione appositamente sviluppati e indipendenti da quelli forniti dal Consorzio, per giungere all'integrazione di forum, blog, chat, documenti co-costruiti online (wiki).

La graduale e continua espansione degli strumenti didattici ha comportato nel corso degli ultimi anni un adattamento complessivo di tutto il sistema didattico. Da una parte gli studenti (sia quelli già iscritti sia le matricole) si sono progressivamente adattati ad un massiccio uso delle tecnologie per la didattica a distanza e, dall'altra, l'organizzazione didattica stessa ha dovuto adattare le modalità di orientamento e preparazione degli iscritti, prevedendo materiali e

---

it. Il Corso di Laure a distanza non è più attivo a Milano Bicocca e sta al momento della pubblicazione di questo libro (2014) esaurendo gli ultimi iscritti. Esistono altre Università in cui il medesimo corso di laurea è tuttora attivo.

strumenti di supporto che fossero coerenti con la tipologia di formazione. In tal senso, anche l'orientamento si è gradualmente allontanato dai sistemi tradizionali per indirizzarsi verso lo sviluppo di dispositivi pedagogici che progettino e realizzino, senza lasciarlo al caso, l'adattamento reciproco fra sistema di orientamento a distanza e studente (Vanin, 2006).

Il sistema didattico a distanza, inoltre, differisce strutturalmente dai normali corsi di laurea sia in termini di modello pedagogico sia per quanto concerne la struttura organizzativa.

Dal punto di vista didattico, infatti, la figura del docente viene sostituita dal tutor, che si occupa di fornire chiarimenti sulla disciplina, organizzare momenti di approfondimento e che gestisce gli esami di profitto, ma non sempre prepara in prima persona lezioni ed esercitazioni. Tale componente didattica è prerogativa delle videolezioni, fornite secondo diverse modalità dal Consorzio e dal Polo tecnologico.

Per quanto concerne, d'altra parte, l'impianto organizzativo del sistema didattico Nettuno presso l'Ateneo di Milano Bicocca e le strutture di riferimento, è possibile distinguere tra le due segreterie didattiche (Discipline della Ricerca Psicologico Sociale e Scienze del Turismo e Comunità Locali) che si occupano dell'organizzazione didattica, del rapporto fra i tutor e gli studenti, e le segreterie amministrative che gestiscono tutti gli aspetti burocratici, coordinate da un ufficio centrale. Lo studente intenzionato ad iscriversi ad uno dei due corsi e interessato a ricevere informazioni ha, quindi, la possibilità di contattare una qualsiasi di queste entità.

A partire da tali premesse, il capitolo descrive il passaggio da un sistema informativo di tipo tradizionale ad un sistema informativo integrato e in gran parte automatizzato. Con il primo sistema le informazioni sul CdL a distanza sono contenute sul sito della Facoltà e sulla guida dello studente e le segreterie didattiche completano tale orientamento di persona, telefonicamente e/o via e-mail, mentre nel secondo sistema il materiale informativo, gli strumenti online e tutte le figure coinvolte (segreteria didattica, staff di tutor, figure di supporto, docenti, studenti e potenziali iscritti) dialogano in un ambiente uniforme e integrato, con percorsi di orientamento coerenti con l'impianto didattico, con una forte componente tecnologica e un ruolo preminente dell'interazione a distanza.

Dal punto di vista metodologico (Yin, 2008), nella prima parte viene descritto l'impianto informativo antecedente all'anno accademico 2004-2005, mettendo in evidenza alcuni limiti strutturali, quali la perdita di informazioni relative ai potenziali iscritti, la dispersione dell'informazione fornita dalla Facoltà e le ripercussioni più ampie sull'intera struttura (ad esempio, in termini di abbandono, di investimento nel momento di recupero e completamento dell'informazione, ecc.).

Nella seconda parte viene descritta la fase intermedia di sviluppo, in cui sono stati approntati i primi strumenti per l'orientamento online e il rilevamento del profilo formativo allargato (Vanin et al., 2007; Vanin et al., 2008).

Nella terza parte, si inquadra lo sviluppo di tale sistema in un'ottica più ampia, con particolare riferimento al modello di orientamento a stadi (S. Castelli et al., 2006; Vanin, 2006) e ai tre livelli di *orienting*, *preparing* e *supporting* (Vanin et al., 2008) che caratterizzano un percorso di orientamento non mirato soltanto all'informazione e alla scelta, ma anche al supporto in tutti i livelli di accesso al sistema didattico.

Infine, nell'ultima parte vengono descritti gli stadi più recenti del modello proposto, con particolare riferimento alla figura degli *assistant* e al ruolo centrale operato dalla community online degli studenti nell'accoglienza e orientamento delle matricole.


## 3.2. Le fasi di sviluppo del sistema


Ripercorriamo ora le quattro fasi attraverso le quali il Polo Tecnologico di Milano Bicocca ha sviluppato il sistema informativo sperimentale.

Bisogna premettere che gli strumenti tradizionali di informazione (soprattutto e-mail, telefono e incontri in presenza) non erano consoni al modello di formazione a distanza, ma al momento dell'avvio del progetto non era pensabile investire risorse in sofisticate tecnologie di comunicazione, perciò inizialmente l'organizzazione ha ricalcato il sistema di interazione tradizionale.

Una prima fase di sviluppo coincidente con l'attivazione del primo anno accademico di DRPS, ha incluso nel sistema informativo e di orientamento una ristrutturazione del sito web (primavera 2004), con una maggiore attenzione alle aree di interesse (immatricolazioni, organizzazione didattica e amministrativa, funzioni, materiali, ecc.) e l'utilizzo massiccio di pseudo-F.A.Q.[7] inviate via mail: alla richiesta di informazioni da parte di uno studente veniva inviato un testo che includeva tutte le risposte alle domande più diffuse inerenti quella tematica.

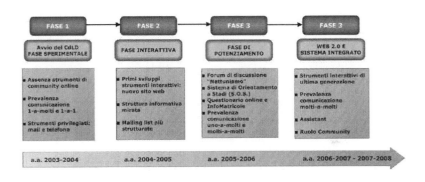

*Figura 16 – Fasi di sviluppo del sistema informativo*
*Polo tecnologico Milano Bicocca*

7      Per F.A.Q.(Frequently Asked Questions) tout court intendiamo il tradizionale dispositivo di raccolta delle domande più frequenti e l'organizzazione delle relative risposte in iper-testi consultabili via web. Altra è la soluzione adottata in questa prima fase in cui le risposte venivano progressivamente organizzate in un testo inviato via mail.

In queste prime fasi di sviluppo, la necessità di comunicare con diverse persone in modo rapido, seppure non sincrono (Ardizzone & Rivoltella, 2003; Bozarth et al., 2004) ha privilegiato come strumento interattivo la mailing list: tutti gli iscritti al corso di laurea comunicavano prevalentemente via mail, partecipando a diverse liste: lista ufficiale del corso di laurea, liste degli studenti, liste locali di studenti appartenenti a specifici gruppi, liste organizzate per provenienza geografica, ecc.

È immediato intuire il costo in termini di traffico di informazioni di tale dispositivo: la mole di lavoro richiesta per processare quotidianamente le diverse richieste era significativa e le informazioni inviate, sebbene spesso ripetitive, richiedevano molto lavoro alla segreteria didattica.

Numericamente, nel complesso, solo nei primi due anni di attività del CdL a distanza, il coordinamento del CdL ha scambiato circa 4000 mail all'anno[8], di cui la metà provenivano dagli studenti e la restante parte erano risposte da parte della segreteria e successivi *follow up* di ulteriori richieste.

In tale sistema, inoltre, la comunicazione tra studenti e segreteria didattica rimaneva per molti versi superficiale e funzionale rispetto ai bisogni emergenti di volta in volta, trattandosi prevalentemente di richieste amministrative e burocratiche. La conoscenza della popolazione studentesca risultava altrettanto generica, limitandosi alle poche informazioni fornite in fase di immatricolazione.

Usciti dall'emergenza del primo anno di attivazione del corso di laurea, si è passati ad una ulteriore fase di sviluppo del sistema didattico a distanza (nella figura 1, è indicata come fase *interattiva*), iniziata con una massiccia rivisitazione dell'impianto informativo per quanto riguarda la strutturazione dell'informazione di base (tramite siti web e F.A.Q. aggiornate e facilmente utilizzabili) e la reperibilità delle informazioni (costruzioni di guide *ad hoc* per i diversi livelli di

---

8    Valore stimato che include circa 2000 mail ricevute dalla segreteria didattica e circa 2000 messaggi inviati in risposta alle prime. I dati presentati in questa sezione si riferiscono solo al CdL a distanza in DRPS.

accesso al corso di laurea). Tale attività di riprogettazione e sviluppo dell'infostruttura (Pan & Scarbrough, 1999) è sfociata nella strutturazione di un forum di discussione (*"Nettuniamo"*) che ha gettato le basi per l'ingresso nella terza generazione dell'e-learning (Bonaiuti, 2006), descritta più avanti.

L'attivazione di tale impianto informativo, per la maggior parte basato su siti web statici di prima generazione (Bonaiuti, 2006; Porteneuve, 2007), ha fatto emergere diverse criticità.

In primo luogo, l'utilizzo massiccio di siti web per l'orientamento sia dei potenziali iscritti sia di coloro che sono già immatricolati ricalca le modalità diffuse in tutti gli Atenei Italiani. Accanto al gran numero di risorse informative disponibili online (che spesso per complessità, accessibilità e usabilità possono generare una certa confusione negli utenti), per i CdL a distanza del Consorzio Nettuno, la situazione era inizialmente aggravata dal duplice canale informativo: il sito nazionale (www.uninettuno.it, oggi www.consorzionettuno.it) era solo in parte integrato con quello locale (www.nettuno.unimib.it) e, insieme, generavano diverse pagine web che potevano presentare informazioni discordanti, causate dai diversi tempi di aggiornamento degli spazi web e alle diverse modalità di comunicazione. Informazione centrale e informazione locale possono diventare, in tal senso, contraddittorie e generare confusione tra i potenziali iscritti.

Il disorientamento informativo causato da questo primo livello di sviluppo, l'impellente necessità di ottenere informazioni chiare e univoche, il bisogno da parte degli studenti di comprendere quali fossero le reali richieste dell'Università e quali potessero essere le soluzioni da adottare spingevano gli studenti (così come i potenziali iscritti) ad un massiccio ricorso a mail di richiesta di chiarimento, aumentando ulteriormente il carico di lavoro della segreteria didattica.

In secondo luogo, le segreterie riscontravano anche una notevole confusione relativa ai destinatari della richiesta di informazioni: non era raro che studenti interessati ad un CdL (anche non a distanza) si rivolgessero all'indirizzo e-mail errato, inviando la richiesta ad un'altra agenzia informativa. Anche tale fenomeno era di un certo rilievo: tra le moltissime e-mail processate nel corso dei primi anni di attivazione, una parte consistente era destinata ad altri corsi di laurea e ad altre segreterie organizzative.

Infine, emergeva la necessità di conoscere anticipatamente i propri iscritti, informazioni essenziale per tre motivi: da un lato ciò permette di individuare eventuali *gap* (Guglielmino & Guglielmino, 2003) tra le conoscenze pregresse, le competenze tecniche e la strumentazione già in dotazione ai futuri iscritti rispetto alle richieste dell'organizzazione didattica stessa; dall'altro, la conoscenza di tale profilo permette un adattamento anche nel senso opposto, consentendo all'organizzazione didattica di modificare alcuni elementi del proprio sistema ad eventuali nuove esigenze della potenziale utenza.

Infine, come punto di incontro di queste due istanze, poteva prefigurarsi la possibilità (e in molti casi la necessità) di pre-selezionare i potenziali iscritti, proprio sulla base delle eventuali difficoltà che determinate tipologie di utenza avrebbero potuto incontrare (ad es. nel caso di un corso di laurea a distanza la competenza tecnica informatica e la capacità di interagire in rete sono fondamentali e il mancato possesso di tali competenze o attitudini potrebbero ragionevolmente dirigere il potenziale iscritto verso soluzioni didattiche tradizionali).

In tal senso, gli studi condotti negli ultimi quattro anni (Vanin et al., 2007; Vanin et al., 2008) e alcune evidenze empiriche presentate in letteratura (D. R. Garrison & Cleveland-Innes, 2005; Guglielmino & Guglielmino, 2003; Koh et al., 2007) evidenziano l'importanza di rilevare sin dai primi passaggi nel sistema didattico (S. Castelli et al., 2006) quello che è stato definito *"profilo formativo allargato"* (Vanin et al., 2007) degli studenti, ossia un profilo che raccolga informazioni sul gruppo dei potenziali iscritti, sui loro bisogni formativi e sulle difficoltà che potrebbero incontrare nel corso dei loro studi.

## 3.3. L'utente: chi è, cosa fa e cosa deve sapere

Il reperimento di informazioni sui potenziali utenti del sistema di orientamento online costituisce la seconda importante fase di sperimentazione del sistema stesso: si tratta di individuare le esigenze degli iscritti e dei potenziali iscritti e il loro profilo di partenza, allo scopo di progettare un sistema didattico il più efficace possibile.

Nella fattispecie, riprendendo l'esauriente descrizione di Ardizzone e Rivoltella (2003) entro un sistema universitario a distanza in cui l'utilizzo di diversi strumenti di comunicazione assume un ruolo centrale nello scambio e nel "consumo" delle informazioni, il *chi è* della categoria "studente" diventa tanto importante quanto il *cosa fa* e *il cosa deve sapere*. Le competenze tecniche, così come la disponibilità di strumenti informatici adeguati sono requisiti fondamentali non solo per poter accedere al corso, ma anche per poterne usufruire in modo efficace, anche e soprattutto in termini di performance individuale.

Le problematiche emerse nelle prime fasi di sviluppo del sistema qui presentato ci hanno spinto verso soluzioni che permettessero di rispettare alcuni requisiti di base. In primo luogo, vi era la necessità di raggiungere con pochi passaggi molti studenti, evitando di dover ricorrere a risposte uno-a-uno, personalizzate o particolarmente dettagliate e garantendo un discreto livello di automazione del processo informativo. L'informazione fornita, di conseguenza, doveva essere generale, nel tentativo di rispondere a tutte le possibili richieste o rinviando a specifici momenti del percorso didattico (ad esempio, a quelli successivi l'immatricolazione) eventuali chiarimenti su casi specifici e, allo stesso tempo, fornire eventuali ulteriori soluzioni informative, non previste nel percorso principale (ad esempio, link a pagine del sito di Facoltà o del Consorzio che trattano specifici casi, come per i trasferimenti o il riconoscimento in termini di CFU di esperienze pregresse).

In secondo luogo, tale informazione doveva essere collocata in uno spazio dedicato, unico, raggiungibile in modo semplice, che non potesse essere confuso con altri spazi informativi e che riducesse eventuali disguidi nell'invio di ulteriori richieste (ad esempio a destinatari errati o non direttamente coinvolti nel progetto).

In terzo luogo, tale modalità di orientamento informativo (Amoretti & Rania, 2005; C. Castelli, 2002; Di Fabio, 1998; Gao et al., 2005; Vanin, 2006) doveva essere coerente col modello didattico a distanza e, pertanto, utilizzare strumenti a distanza. Tale esigenza è dettata dalla necessità di fornire una sorta di *imprinting* (S. Castelli et al., 2006), comunicando in maniera implicita (ma non per questo meno forte) le differenze rispetto a percorsi di laurea tradizionali.

Infine, la strumentazione utilizzata doveva permettere qualche forma di registrazione delle informazioni relative ai potenziali iscritti, in modo da individuare il profilo formativo allargato di coloro che si sarebbero immatricolati.

L'analisi dell'ingente traffico di mail accennato nelle pagine precedenti, il confronto diretto con gli iscritti in merito alla loro domanda di orientamento e l'utilizzo di diversi strumenti online ha portato nel mese di giugno 2005 alla prima forma di auto-orientamento online degli iscritti basato su due strumenti: un questionario online in grado di rilevare alcune delle informazioni considerate rilevanti per l'organizzazione didattica, al termine della cui compilazione era possibile scaricare una guida completa che offriva non solo le informazioni più generali sui corsi di laurea a distanza attivi presso l'università di Milano Bicocca, ma anche una forma di orientamento più ampio, sul significato e sugli strumenti della modalità a distanza, sulle motivazioni e sulle competenze personali richieste ai potenziali iscritti, ecc.

Il questionario online e il materiale informativo vengono accomunati da un unico indirizzo e-mail che, con una risposta automatica, funge da prima accoglienza, descrive il sistema e reindirizza sul sito che raccoglie i materiali (vedi figura seguente).

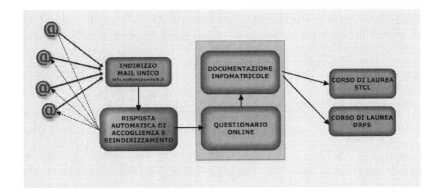

*Figura 17 – Sistema automatizzato di orientamento informativo.*

Il sistema è rimasto attivo in modo automatico per l'intero peridodo di attivazione del corso di laurea (S. Castelli, 2007; S. Castelli et al., 2006; Vanin et al., 2007; Vanin et al., 2008) e prevedeva un percorso piuttosto semplice: il potenziale iscritto al corso a distanza trova sul sito del corso di laurea alcune informazioni di base, invia una e-mail ad un indirizzo unico, riceve una risposta automatica di accoglienza che lo reindirizza all'indirizzo web del questionario online, compila i campi richiesti[2] e decide quale guida scaricare (quella di Scienze del turismo oppure di Discipline della ricerca psicologica, o entrambe, qualora abbia già deciso per la modalità a distanza, per il Polo tecnologico di Milano Bicocca, ma non sia ancora convinto per la tipologia di corso di laurea).

Entrando nello specifico dei due strumenti integrati nel sistema di orientamento informativo, il questionario online rappresenta la pri-

---

9      È importante sottolineare che in più parti del percorso viene messa in evidenza l'importanza della rilevazione ai fini della progettazione del sistema informativo. Inoltre, viene garantito il rispetto della privacy e viene segnalato che nessuno dei campi è obbligatorio. In linea di massima l'utente è libero di lasciare in bianco qualsiasi campo e scaricare ugualmente il materiale informativo.

ma fase. Il questionario, residente sul server web dell'Ateneo[10] si suddivide in quattro sezioni online, riferite a quattro aree di indagine:

1. **Presentazione della rilevazione.** Vengono rapidamente presentate l'indagine conoscitiva, gli scopi, il trattamento dei dati e i responsabili della ricerca.
2. **Informazioni socio-demografiche e attività professionale.** Accanto alle principali indicazioni socio-demografiche (inclusa provenienza geografica e titolo di studio), viene indagata la situazione lavorativa.
3. **Scelta del corso e strumenti a disposizione.** In questa sezione si rileva il grado di evoluzione raggiunta nella scelta dell'utente, se ha già deciso la tipologia di corso, la Facoltà, ecc. A tal proposito si tenga in considerazione quanto indicato nel precedente capitolo, ossia che molte richieste di informazioni sono esplorative, assolutamente preliminari a qualsiasi tipo di decisione di iscriversi o no ad un corso. In questa sezione, viene chiesto anche come l'utente sia venuto a conoscenza dell'offerta formativa della Facoltà e quale percorso abbia seguito per auto-orientarsi. Questo aspetto è particolarmente importante per individuare la proporzione dei singoli strumenti informativi (stampa, televisione, internet,ecc.) e monitorare l'incidenza degli strumenti online.
4. **Area download e spazio libero per suggerimenti e ulteriori segnalazioni.** Terminata la compilazione dei precedenti campi, l'utente seleziona quale guida vuole scaricare (quella dei singoli corsi, oppure un file unico contenente entrambe le guide), procede al download e ha a propria disposizione un ulteriore spazio aperto per qualsiasi tipo di segnalazione, richiesta, dubbio.

---

10    Il questionario è realizzato con Questionmark Perception © – Question Manager Vers. 3.4.0.2. - http://www.questionmark.com/uk/home.htm

La semplicità e la rapidità di compilazione, soprattutto per una versione online, sono requisiti assolutamente fondamentali: va ricordato, infatti, che l'intero sistema si basa sulla richiesta di informazioni da parte del potenziale iscritto che viene automaticamente rinviato alle pagine web indicate. In tal senso, invece di ottenere immediatamente una risposta completa, gli viene richiesto un ulteriore sforzo e la compilazione di un questionario.

La seconda parte del dispositivo è la guida scaricabile al termine della compilazione del questionario conoscitivo. La guida, costruita sulla base delle richieste di informazioni e chiarimenti ricevute dall'attivazione del corso ad oggi, offre da una parte informazioni sul corso di laurea, sulla validità del titolo, sull'organizzazione e, dall'altra, una serie di informazioni relative all'orientamento alla scelta, alle competenze richieste, agli strumenti informatici e multimediali utilizzati.

La struttura delle guida iper-testuale è relativamente semplice:

1. **Presentazione del CdL a distanza e validità del titolo.**
2. **Struttura organizzativa, didattica e amministrativa del Polo Tecnologico.**
3. **Tipologia di studenti cui è adatto il corso e specificità del CdL a distanza rispetto a quello tradizionale.** Questi due aspetti sono fondamentali per delineare il valore del corso di laurea a distanza rispetto a quello tradizionale, fornire indicazioni sulle competenze richieste e sulle caratteristiche che lo studente deve avere per poter prendere attivamente parte al corso di studi. In tal senso, la diffusa sensazione che un corso a distanza possa essere più semplice di quello tradizionale è del tutto fuorviante, non solo per i contenuti erogati, ma anche perché le competenze tecniche, l'uso dell'interazione online, l'autonomia dello studente sono requisiti minimi essenziali per poter accedere (Eastin & LaRose, 2000; Frazee, 2002; Hargittai & Hinnant, 2008; Lee, 2001; Recabarren et al., 2008) Tale aspetto non è attualmente rilevato dai test d'ammissione normalmente distribuiti presso la Facoltà ed è pertanto indispen-

sabile fornire tale indicazione almeno come preliminare forma di orientamento.

4. **Aspetti burocratici: iscrizione, prova d'ammissione, immatricolazione, tasse, trasferimenti e convalida crediti.** Aspetti prioritari per coloro che provengono da altri percorsi formativi (ad es. stranieri) o coloro che sono già in possesso di una laurea. Va ricordato che come indicato altrove e ricorrente in letteratura (Weller, 2000), gli iscritti ad un corso di laurea a distanza sono solitamente più maturi per quanto concerne l'età, occupati professionalmente e spesso già possiedono un titolo di laurea.

5. **Specifiche tecniche, strumenti e risorse.** Descrive la parte più tecnica, le risorse a disposizione degli iscritti, il *setting* pedagogico attivato dalla Facoltà di Psicologia, le differenze e le integrazioni strumentali rispetto al modello in teledidattica proposto dal Consorzio Nettuno.

6. **Consigli.** Nel corso degli anni abbiamo rilevato curiose pratiche di pre-iscrizione, tra le quali spicca la tendenza ad acquistare i materiali, il sistema satellitare, le videolezioni, i libri di testo (spesso economicamente onerosi) prima ancora di iscriversi al test d'ammissione oppure, su altri versanti, la carente conoscenza del ruolo delle risorse online, dei rudimenti di navigazione in internet, della conoscenza dei principali dei siti web, dei programmi, ecc. In entrambi i casi, fornire indicazioni in merito è fondamentale ancora prima che i potenziali iscritti concludano la fase di immatricolazione, fornendo loro anche indicazioni sulla tempistica successiva all'immatricolazione.

7. **Ulteriori indicazioni, link, approfondimenti.** In questa parte vengono indicati tutti i siti che raccolgono informazioni sul CdL a distanza a partire da quello nazionale del Consorzio Nettuno, a quello locale del Polo Tecnologico sino alle più svariate risorse disponibili di orientamento d'Ateneo e di Facoltà. Un'informazione non secondaria è relativa all'indirizzo mail della Segreteria Didattica, indicato solo nella guida e che può offrire eventuali ulteriori approfondimenti.

Come è possibile osservare dalle aree descritte, la guida fornisce una panoramica a trecentosessanta gradi del corso a distanza e, per molti versi, accompagna il potenziale iscritto anche oltre l'immatricolazione, fornendo alcune indicazioni sui primi passi da compiere una volta immatricolato, in particolare per quanto concerne il sistema di orientamento a stadi descritto più avanti.

La guida si integra con i siti web indicati e mette in evidenza come sia possibile, ad un secondo livello, chiedere ulteriori informazioni alle segreterie didattiche: detto altrimenti, non esclude il rapporto con l'organizzazione didattica, ma filtra tali contatti fornendo un preliminare, completo orientamento. Solo ad un secondo livello, in particolare per quanto concerne particolari percorsi formativi, specifiche esigenze non previste dalla guida di orientamento, necessità di chiarimenti su parti poco chiare del materiale, è possibile chieder ulteriori informazioni.

Un secondo aspetto di un certo rilievo è l'implicita esclusione dell'orientamento in presenza o telefonico: materiale di questo tipo può definirsi completo, sebbene privilegi un solo canale comunicativo (il web) e offra una sorta di comunicazione implicita sul taglio interrelazionale che viene dato al percorso formativo: il corso segue una modalità a distanza e permette in questo modo ai potenziali iscritti di rispettare tale modalità e prevedere anche forme di auto-orientamento informativo a distanza. Ulteriori canali vengono posti, pertanto, in secondo piano.

L'ultimo aspetto, già accennato nelle precedenti pagine è la preliminare auto-selezione degli iscritti. Nelle pagine della guida sono incluse sezioni (in particolare le parti relative al punto 3 della guida) che indicano a quali tipologie di studenti è adatto il corso a distanza, specificando l'importanza dell'autonomia, l'assenza di relazioni con i soggetti coinvolti in presenza, la ridotta presenza presso gli spazi fisici dell'Ateneo e della Facoltà. In tal senso, il potenziale iscritto viene avvertito di un aspetto che è essenziale in un corso di questo tipo e che troppo spesso non è opportunamente sottolineato.

I vantaggi di un sistema informativo di questo tipo sono molteplici:

1. **Indirizzo mail unico.** Viene ridotta la dispersione degli indirizzi e-mail e il potenziale iscritto ha un unico referente virtuale per la richiesta di informazioni. Anche la gestione tecnica delle e-mail risulta semplificata e gli indirizzi dedicati ai singoli corsi di laurea vengono riservati alle comunicazioni degli iscritti.

2. **Questionario online.** Le informazioni sui potenziali iscritti vengono raccolte prima dell'effettiva immatricolazione e diventa pertanto possibile una più puntuale progettazione anche sulla base delle specifiche informazioni fornite dai potenziali iscritti stessi. Un altro aspetto rilevante di indagini online di questo tipo, è il segnale orientativo inviato a coloro che richiedono informazioni: il CdL a distanza si configura come "altro" rispetto al corso tradizionale e viene fornita un'implicita indicazione sull'uso di strumenti relativamente sofisticati, sull'automazione dell'informazione e sulla responsabilizzazione dello studente nella ricerca delle informazioni. Sempre legato a questo aspetto è il fattore *"e"* (*"e"-lectronic*) implicito nella espressione *e-learning*, che specifica l'alto livello di informatizzazione (o almeno di integrazione del sistema tradizionale con le nuove tecnologie, come indicato in, Ardizzone & Rivoltella, 2003) richiesto per le fasi successive.

3. **Guida Informatricole.** Evidentemente la possibilità di scaricare una guida unica in grado non solo di fornire le informazioni generali sul CdL, ma anche di offrire una prima forma di orientamento sulle modalità a distanza, sugli strumenti utilizzati, sulle competenze richieste, permette ai potenziali iscritti di non dovere ricorrere a molte informazioni disperse in più siti e risorse online. Anche in questo caso il segnale comunicativo implicito (ossia la necessità di utilizzare strumenti online) fa riferimento alle successive fasi del percorso formativo e alla necessità di padroneggiare l'uso di Internet e del personal computer come fondamentali strumenti di interazione a distanza. Il materiale ha un formato il più possibile *user friendly* e sviluppa i temi sulla base di tutte le richieste e i bisogni segnalati nel corso dei precedenti anni di attivazione del CdL in DRPS (S. Castelli et al., 2006; Vanin, 2006).

L'analisi dei flussi di mail, sin dalla primissima attivazione, ha rilevato un significativo dimezzamento delle mail ricevute dalle segreterie didattiche e, conseguentemente, delle risposte fornite. D'altra parte, negli anni successivi la guida informatricole è stata ampliata sensibilmente sino a giungere all'attuale dimensione di circa quindici pagine. Tale dimensione riguarda la numerosità degli argomenti trattati, prevalentemente informativi e orientativi, sulla base delle indicazioni fornite dagli iscritti in merito alle tematiche secondo loro meno complete, delle richieste di chiarimento sul materiale scaricato e sulla base di successive indagini quali-quantitative sugli studenti iscritti.

## 3.4. Il forum di discussione "Nettuniamo" e il sistema di orientamento a stadi

L'attivazione di un forum di discussione online ha dato avvio alla terza fase di sperimentazione, iniziata nell'anno accademico 2005-2006 (come indicato più sopra in figura 1) e in corso ancora oggi. Negli anni successivi al forum si sono aggiunti chat, blog personali (che possono essere attivati da tutti gli studenti e i tutor) e "corali", cioè scritti da più persone (per esempio il blog *"C'è Nettuno?"* con cui gli studenti già iscritti forniscono supporto alle matricole). Più recentemente, nel corso dell'anno accademico 2006-2007 è stata avviata anche la sperimentazione di documenti condivisi (Wiki) per condividere e co-costruire appunti, schemi e riassunti.

Come è facile intuire, tale sviluppo comporta un adeguamento sostanziale dell'intero impianto didattico, richiedendo l'integrazione massiccia del sistema di comunicazione online con il set di strumenti già disponibili per i corsi tradizionali. In tale direzione, ad esempio, la divulgazione di avvisi e comunicazioni ufficiali avviene quasi esclusivamente via forum, in spazi riservati, e solo in rari casi viene utilizzata la mail. Questa scelta è dettata dalla necessità di valorizzare l'uso del forum di discussione e potenziarne il ruolo nell'intero impianto didattico.

Come indicato nel primo capitolo, l'accesso ad un percorso formativo segue generalmente diversi stadi, delineando delle possibili "stanze" in cui l'azione del sistema didattico procede con strumenti e finalità differenti. Da questo punto di vista, si chiariscono alcune considerazioni metodologiche riportate nel corso di queste pagine e la necessità di un modello di orientamento che rispetti la gradualità tra le fasi di orienting, preparing e supporting risulta più evidente.

Come indicato in figura 3, il potenziale iscritto ad un corso di laurea necessita, in primo luogo, di informazioni generali, utili per scegliere a quale corso iscriversi, secondo i propri interessi e sulla base anche delle richieste del sistema didattico, dei possibili sbocchi professionali, ecc. (Amoretti & Rania, 2005; C. Castelli & Venini, 2002; Di Fabio, 1998). Questa prima fase (altrove descritta come "Orienting", in Vanin et al., 2008) rimane per molti versi esterna al sistema didattico e può avvenire anche nelle modalità a distanza che abbiamo più sopra descritto.

L'iscrizione ad un corso di laurea, fino alla partecipazione alle attività didattica, può richiedere in seconda battuta una preparazione preliminare (Bozarth et al., 2004; Guglielmino & Guglielmino, 2003; Moshinskie, 2003), che va dal semplice documentarsi grazie alle guide dello studente ad attività di meta-formazione preliminari al corso stesso. Questa fase di *"preparing"* (Piskurich, 2003; Vanin et al., 2008) è fondamentale soprattutto in processi formativi ad alto contenuto tecnico (ad esempio per quanto concerne gli strumenti interattivi online), sia per quei corsi che richiedono importanti competenze e conoscenze pregresse. Gli approcci in tal senso possono essere diversi e si distribuiscono su un continuum che va dagli strumenti esclusivamente online (a titolo d'esempio, Andrea & Carsten, 2007; Frieden, 1999; Gao et al., 2005; Lazonder et al., 2000; Lee, 2001; Moshinskie, 2003; Perrine & Spain, 2008) alle esperienze in presenza (Piskurich & Piskurich, 2003; Redding, 2003).

Ad un livello successivo, risulta centrale (Frieden, 1999; Gao et al., 2005; Lee, 2001; Moshinskie, 2002) la necessità di offrire agli iscritti un supporto costante che nei corsi di laurea tradizionale prende ormai sempre più spesso la forma di tutorato sia in presenza (Avallone, 2006), sia a distanza (S. Castelli, 2007; Vanin, 2006; Vanin et al., 2008).

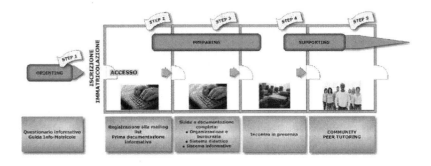

*Figura 18 – Il Sistema di Orientamento a Stadi.*

La suddivisione teorica in questi stadi di orientamento è connessa ai diversi gradi di bisogni dello studente, ai contenuti erogati oltre che, naturalmente, alle modalità di erogazione degli stessi. Per il primo aspetto è evidente che le necessità di un potenziale iscritto differiscono sensibilmente da quelle di una matricola e che la tipologia di informazioni ricercate, sia in termini di dettaglio, sia in termini di completezza differisce a seconda del momento di accesso al sistema didattico. Tale aspetto si riflette sui contenuti erogati, sul loro grado di precisione, sulle informazioni preliminari richieste, ecc. Infine, a seconda del livello di inserimento nel sistema didattico emerge una graduale differenziazione tra supporti (documentazione, materiali multimediali, interazione sincrona, ecc.) oltre che un'auspicabile integrazione tra strumenti online e incontri in presenza (Perrine & Spain, 2008; Piskurich & Piskurich, 2003; Redding, 2003).

Tali considerazioni, che riprendono gli aspetti teorici indicati nel primo capitolo, sono state rese operative mediante la sperimentazione di un sistema a tre stadi, a partire dall'immatricolazione: lo studente, terminata la procedura di iscrizione riceve un documento che indica le successive fasi di ingresso nel sistema didattico.

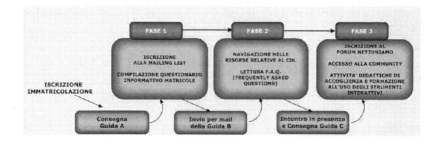

*Figura 19 – L'orientamento a stadi come processo di accoglienza e orientamento per le matricole mediante guide graduali.*

Nella fattispecie tali passaggi riguardano:

**1.    Iscrizione alla mailing list del corso di laurea e compilazione di un questionario informativo.** Il primo passaggio concerne la necessità di registrare gli studenti e poter comunicare con loro sin dai primi momenti di accesso al sistema didattico, ossia dall'iscrizione al corso di laurea. Tale guida (Guida A) viene consegnata in fase di immatricolazione direttamente dalle segreterie didattiche. Si tratta infatti di un momento in cui si ha la garanzia di poter entrare in contatto con lo studente, possedendone l'indirizzo mail e il recapito telefonico. Fuori da questo momento, soprattutto nelle fasi di immatricolazione, diventa più difficile recuperare tali dati e tali informazioni. Inoltre, in questa prima fase si stabilisce un contatto fondamentale: lo studente ha la garanzia di essere ormai parte di un sistema e diventa consapevole dei propri referenti. Completata l'iscrizione alla mailing list, gli studenti ricevono una guida che contiene le informazioni relative alla fase successiva.

**2.    Auto-orientamento e auto-formazione.** Allo studente viene inviata via mail una seconda guida informativa in cui sono raccolte informazioni relative al corso di laurea, agli aspetti organizzativi, didattici, alle modalità di interazione con tutti gli altri membri del sistema, ecc. e viene richiesta una lettura ed esplorazione attenta di tutte le risorse e fonti informative presentate.

Si tratta dell'ultima fase informativa in senso stretto e rientra già nella fase di preparing, in quanto fornisce i primi strumenti connessi all'attività didattica vera e propria. Nella Guida B viene inserita anche l'invito all'incontro in presenza che precede la terza fase. In tale incontro in presenza (a cura degli assistant, figura che verrà presentata nei prossimi paragrafi) vengono presentati nel dettaglio il sistema didattico, il sistema informativo, la community e vengono discussi tutti gli aspetti inerenti la partecipazione online, l'interazione con i soggetti del CDL, ecc.

Durante questo incontro, viene consegnata l'ultima guida (la C), in cui sono contenute le istruzioni per l'iscrizione al forum di discussione e le indicazioni relative alle attività didattiche, di accoglienza e di familiarizzazione con gli strumenti interattivi.

3. **Ingresso nella Community online e attività di accoglienza.** La Guida C fornisce allo studente tutte le indicazioni necessarie e i riferimenti per accedere al forum di discussione ed entrare immediatamente nella community, accedendo ad alcune attività didattiche di accoglienza e familiarizzazione con gli strumenti interattivi (S Manca, Delfino, & Mazzoni, 2009; Pozzi, Manca, Persico, & Sarti, 2007).

Si tratta in definitiva dell'ultimo atto della fase di preparing, in cui lo studente prende pieno possesso del proprio ruolo e accede al sistema didattico in senso più ampio, consapevole di tutte le coordinate a cui fare riferimento e degli strumenti informativi e didattici a propria disposizione.

La sperimentazione di tale modello ha permesso negli ultimi tre anni di ridurre sensibilmente lo smarrimento iniziale e le difficoltà tecnologiche incontrate nell'uso degli strumenti didattici, riducendo anche quantitativamente i tempi di accesso al sistema, da diverse settimane a meno di quattro giorni per l'ultimo anno accademico. La riduzione di questi tempi di accesso comporta una minore dispersione in termini di accesso al sistema e un minore disorientamento didattico.

Il primo aspetto consente allo staff didattico di erogare la formazione tecnica e garantire il processo di preparing in tempi contenuti, sincronizzando l'accesso al sistema per il maggior numero di studenti possibile. In questi termini, tutti gli studenti si trovano allo stesso livello di formazione (anche se le competenze iniziali possono essere differenti) in tempi confrontabili e relativamente simili.
Per quanto riguarda il secondo aspetto, il sincronismo del percorso formativo, d'altro lato, consente ai meno esperti di "sperimentare" gli strumenti condividendo con i compagni di studio difficoltà, dubbi, risposte (Andrea & Carsten, 2007; Bozarth et al., 2004; Frazee, 2002; Hew & Cheung, 2008; Seo, 2007).

## 3.5. La transizione tra orientamento in presenza e orientamento a distanza: un modello integrato

Il passaggio da orientamento tradizionale a orientamento a distanza ha comportato la necessità di fornire agli studenti informazioni rapide attraverso modalità di comunicazione che prescindessero dalla frequenza (come le tradizionali bacheche, il ricevimento docenti, l'accoglienza delle matricole).
Per integrare gli strumenti utilizzati in fase di orientamento con il processo formativo *tout court* e livellare con maggiore precisione i possibili gap tra le richieste dell'Università e le competenze degli studenti (S. Castelli et al., 2006; Vanin, 2006; Vanin et al., 2007), a partire dall'anno accademico 2005-2006 sono state sperimentate alcune scelte didattiche di un certo rilievo, come sintetizzato in Figura 5, che operano su un doppio binario.
Da un lato, sono state formate alcune figure professionali che potremmo definire interdisciplinari e che assumono un profilo a cavallo tra l'orientatore online, l'e-tutor e il facilitatore, denominati *assistant*. Tali figure lavorano in staff con la segreteria didattica e offrono un supporto a trecentosessanta gradi agli studenti e ai tutor.
Dall'altro lato, è stata coinvolta l'intera *community* di studenti e tutor

per partecipare alla progettazione e realizzazione di diversi momenti di orientamento e allo sviluppo della strumentazione informativa. Tale coinvolgimento è dettato innanzitutto da ragioni pratiche ed evidenze empiriche: gli studenti conoscono bene i bisogni dei *new bies* (ossia coloro che accedono per la prima volta ad un sistema didattico a distanza), in quanto hanno già superato quella fase. Inoltre, in letteratura, si riportano diverse applicazioni del *peer-tutoring* anche a contesti didattici particolari, in cui, ad esempio, la componente studentesca è più matura o in cui la tecnologia occupa uno spazio importante nel sistema didattico (De Smet, Van Keer, & Valcke, 2009). Nell'impianto didattico descritto in queste pagine, sembrano pertanto esserci tutte le premesse per un'applicazione di tali risultati. Infine, il coinvolgimento in diversi momenti del percorso orientativo (soprattutto nei termini di quanto più sopra delineato come orienting, preparing e supporting, Vanin et al., 2008) ha un forte impatto sul coinvolgimento generale degli studenti anche per quanto concerne la prevenzione dei dropout e la partecipazione alle attività online (Caspi & Blau, 2008; Hrastinski, 2008).

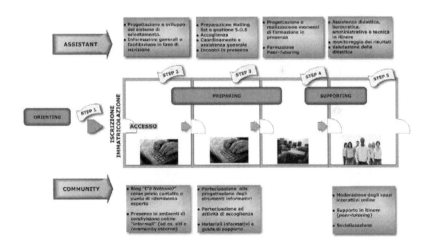

*Figura 20 – Il sistema integrato di orientamento.*

## 3.6. Il ruolo dell'assistant

Se paragonato alla figura dell'e-tutor, l'assistant ha un ruolo interdisciplinare. Prendendo spunto dai profili che Rotta e Ranieri (2005) associano alla professione dell'e-tutor descritta nel secondo capitolo, possiamo ricondurre la figura dell'assistant ai seguenti ruoli:

- Process Facilitator: offre supporto metodologico e organizzativo;
- Advisor/Counselor: si occupa dell'intermediazione tra corsisti e organizzazione didattica;
- Technologist: si occupa dell'aspetto tecnico, legato alle piattaforme e all'assistenza;
- Resource Provider: si occupa dell'attivazione di risorse esterne rispetto ai contenuti erogati, fornendo orientamento sulla localizzazione del materiale;
- Manager/Administrator: gestisce l'intero sistema didattico, coordinando le altre figure;
- Designer: è il progettista, che collabora alla preparazione e ottimizzazione del sistema;
- Animatore o facilitatore di comunità: si concentra sulla crescita e consolidamento della community, lavorando sui legami, sulla cultura condivisa.
- Allenatore/Master: si occupa della formazione dello staff di tutor, puntando sulla performance complessiva.
- Sostenitore/Supporter: guida i diversi soggetti coinvolti nella ricerca dell'autonomia, sia strumentale, sia didattica.

L'assistant si occupa pertanto di tutto ciò che riguarda l'impianto didattico, dalla progettazione, allo sviluppo del modello didattico e della sua applicazione per quanto riguarda, ad esempio, gli aspetti tecnologici, organizzativi, strumentali.

La necessità di sperimentare figure professionali con competenze così estese è stata dettata dalla particolare tipologia di studenti a distanza e dalla specifica storia del corso di laurea a distanza. Come indicato altrove (Vanin et al., 2007), l'utenza di un corso di laurea presenta determinate peculiarità che, da un lato, facilitano l'applicazione di modelli più evoluti di formazione (ad esempio l'elevata età media degli studenti mette di fronte ad un'utenza più matura e motivata, con esperienza in campo lavorativo e con esigenze di un certo livello) e, dall'altro, richiede una particolare attenzione ad aspetti specifici (Hargittai & Hinnant, 2008). Ad esempio, rispetto alla variabile "età" è possibile che vi sia un rischio *digital divide* (O'Donoghue et al., 2004; Sun, 2008), in quanto certe competenze informatiche e interattive potrebbero appartenere a generazioni più giovani o con differenti caratteristiche culturali (Recabarren et al., 2008). In tal senso, la figura dell'assistant copre l'intero spettro di competenze inerenti la fase di orientamento iniziale, di ingresso nel sistema didattico, di supporto in itinere, favorendo anche i processi di socializzazione e integrazione con la community online (De Souzaa & Preeceb, 2004; Koh et al., 2007; Scotti & Sica, 2007).

Non si tratta esclusivamente di assistenza tecnica, sebbene questa componente sia fondamentale, ma di una copertura più ampia che si riflette sull'intero sistema didattico: gli assistant diventano una figura di riferimento alla stessa stregua del tutor d'aula nella formazione tradizionale (Torre, 2006).

Come indicato nella figura 4, i compiti dell'assistant si declinano in modo diverso a seconda dello stadio di accesso degli iscritti al corso di laurea, focalizzandosi su taluni aspetti che nei corsi tradizionali possono risultare di minore rilevanza rispetto alla formazione a distanza (Piskurich, 2003).

## 3.7. Un elemento fondamentale: la community online

L'insieme di tutti i soggetti che partecipano a vario titolo al percorso formativo (community) è un elemento fondamentale della formazione a distanza (Cacciamani, 2008; Ligorio et al., 2006).

Dal punto di vista di coloro che progettano tale impianto di orientamento integrato con il sistema didattico emerge la necessità di fornire alla community stessa alcuni strumenti, sia concettuali, sia operativi per rendere operativa ed efficace tale attività. Se da un lato la componente informale può rappresentare una forza propulsiva, rappresentata dall'entusiasmo nell'accogliere i nuovi iscritti, e dall'altra la componente didattica fornisce i binari su cui tale azione si muove (i regolamenti, il piano didattico, gli insegnamenti, i calendari, ecc.), diventa prioritario il coinvolgimento della community in un piano più ampio di orientamento: gli studenti, parte attiva di tale processo, devono esser messi nelle condizioni di conoscere più approfonditamente i confini di tale operazione, di ottenere supporto qualora le informazioni fornite dal sistema didattico necessitino di interpretazioni o declinazioni, di agire attivamente nel fornire supporto agli studenti neo-iscritti.

Alcuni studi in corso di preparazione mettono in rilievo proprio il ruolo attivo della community in questa direzione: gli studenti già iscritti ad un corso di laurea rappresentano un'importante risorsa informativa, in grado di completare e, per alcuni versi, di valicare gli aspetti pratici e organizzativi dell'informazione fornita dal sistema didattico.

In questa direzione, come si può osservare dalla figura 5, la creazione di un blog corale degli studenti (il blog "C'è Nettuno?") permette di creare un ponte tra l'esterno e l'interno, fornendo nelle diverse fasi di accesso al sistema didattico diversi spunti e strumenti di auto-orientamento. Allo stesso modo, la partecipazione ad attività di accoglienza e di animazione dei nuovi iscritti, oltre ad avere dirette implicazioni metodologiche e didattiche (ad es. formazione all'uso degli strumenti tecnici, familiarizzazione con le pratiche di interazione online, ecc.) consente di mettere immediatamente in contatto gli studenti più esperti con i nuovi arrivati, condividendo alcune fasi dell'orientamento in entrata e delegando alcuni temi alla formazione tra pari (Bull & McCalla, 2002; De Smet et al., 2009; Durana & Monereob, 2005).

Infine, tale coinvolgimento proprio per come viene configurato, risulta comunque spontaneo e informale (Kang, Lee, Lee, & Choi, 2007), in quanto definisce molte delle norme di interazione online mediante l'uso stesso dello strumento e la condivisione delle normali regole della netiquette (Bozarth et al., 2004). È questo il caso, ad esempio, della moderazione e della conduzione delle discussioni online: gli utenti/studenti più esperti fungono spesso in modo spontaneo da moderatori (Kang et al., 2007), fornendo indicazioni su come utilizzare al meglio gli strumenti interattivi, su quali canali seguire per reperire le informazioni, dove scaricare il materiale informativo, ecc. Coinvolgere gli studenti più attivi in percorsi formativi semplici, su come operare meglio in questo campo risulta molto più efficace ed economico che attivare appositamente personale esterno che si occupi di questa importante attività (Kurchner-Hawkins, 2003).

## 3.8. In conclusione

La riflessione sul rapporto tra sistema integrato di orientamento online e nuove tecnologie è centrale nella sperimentazione del modello.

Abbiamo illustrato lo sviluppo del sistema formativo attivato per il Corso di Laurea a distanza in Discipline della Ricerca Psicologico – Sociale (Progetto Nettuno) presso la Facoltà di Psicologia dell'Università degli Studi di Milano Bicocca.

L'attivazione del corso di laurea a distanza, avvenuta nell'anno accademico 2003-2004 si definiva come prima esperienza di formazione a distanza attivata presso la Facoltà di Psicologia e rappresenta quindi, tuttora, un caso di studio per altre Facoltà che si trovino ad intraprendere percorsi analoghi.

L'attivazione di un corso per molti versi sperimentale come quello descritto in queste pagine mette l'Università (o l'agenzia formativa) di fronte all'esigenza di superare la tradizionale visione dell'apprendimento in presenza e apre una serie di interrogativi sulle modalità di progettazione e realizzazione di un impianto differente. Tale istanza si riversa, naturalmente, sull'orientamento, nei diversi stadi in cui viene attivato.

Come indicato nella prima parte, le prime fasi di sviluppo del sistema didattico presentato hanno richiesto la collocazione di importanti risorse nelle attività di orientamento informativo pre- e soprattutto post-iscrizione.

Il capitolo riporta le scelte progettuali, le implicazioni didattiche e i principali effetti che tale progettazione ha avuto sugli iscritti nei primi anni dell'attivazione. Più nello specifico, facendo riferimento ad altre pubblicazioni sul tema, si sono sperimentati strumenti informativi online, concentrati prevalentemente sulle seguenti esigenze:

• Raccogliere informazioni sui potenziali iscritti per sviluppare adeguati dispositivi di orientamento
• Fornire orientamento alla scelta pre-iscrizione
• Elaborare strumenti di supporto nella fase di iscrizione, immatricolazione e accesso al sistema didattico
• Ridurre il gap possibile tra studente e richieste da parte dell'agenzia formativa.
• Supportare e fornire assistenza (didattica, organizzativa, tecnica) per l'intero percorso formativo.

La graduale integrazione del corso di laurea a distanza con l'offerta formativa complessiva della Facoltà ha successivamente richiesto una maggiore interazione tra tutti i soggetti coinvolti, pretendendo un ulteriore sviluppo del sistema didattico, nella direzione della formazione a distanza di ultima generazione e dello sviluppo di strumenti web 2.0.

In tal senso, l'esigenza di comunicazioni più estese, non solo tra università e studenti, ma anche tra studenti (mediante il proliferare di mailing list informali) ha spinto l'impianto didattico allo sviluppo di un forum di discussione, poi integrato con altri strumenti interattivi (blog, chat, documenti condivisi, ecc.).

Dal punto di vista dell'orientamento degli studenti, tale evoluzione ha comportato un significativo adeguamento dell'impianto didattico: accanto alle tradizionali forme di orientamento attivate per fornire informazioni amministrative, burocratiche, didattiche si è resa necessaria una meta-formazione sull'uso degli strumenti interattivi, sul loro impiego e ruolo nel sistema didattico, sul significato, sulle funzioni e sulle diverse forme di comunicazione online. Pertanto, alle tradizionali problematiche relative all'orientamento accademico si sommano gli aspetti tecnologici, interattivi e strettamente connessi con la formazione a distanza (Ardizzone & Rivoltella, 2003; S. Castelli et al., 2006; Vanin, 2006)

In altri termini, accanto ad un graduale sviluppo della documentazione informativa, tale passaggio ha comportato un'importante operazione di adeguamento dello staff didattico, da una parte, e del modello di orientamento, dall'altro. Per il primo aspetto, la creazione di figure professionali *ad hoc*, (denominati *assistant*) ha permesso di progettare e attuare specifici percorsi in grado di accogliere, orientare, formare e sostenere in itinere gli iscritti al corso di laurea a distanza, secondo il modello orienting, preparing e supporting descritto nel primo capitolo. Tali figure professionali, per molti versi differenti dalla figura dell'e-tutor possono essere configurati come a cavallo tra il ruolo dell'orientatore online, con specifiche competenze tecniche e una particolare attenzione agli aspetti progettuali, di sviluppo, e con l'instructional designer (Ranieri, 2005).

Inoltre, l'esigenza di fornire assistenza per tutta la permanenza nel corso di laurea a distanza attribuisce agli assistant un ruolo di riferimento interdisciplinare che si estende per un periodo che va ben oltre il momento dell'accesso al sistema didattico.

Per il secondo aspetto, l'individuazione di pratiche di co-moderazione spontanea degli spazi online da parte degli studenti più esperti, ha spinto lo staff didattico ad implementare percorsi di formazione specifica per gli studenti e strutturare specifici ruoli di moderatori. La creazione di studenti-supporter, ossia studenti che collaborano con lo staff nella strutturazione, organizzazione, gestione e moderazione degli spazi virtuali ha comportato un significativo coinvolgimento della community online che, col tempo, è diventata parte integrante dei dispositivi di orientamento. Gli studenti più esperti non solo forniscono orientamento pre-iscrizione mediante un blog corale accessibile anche da coloro che non sono iscritti, ma diventano risorsa attiva nelle fasi di accoglienza, di integrazione e socializzazione dei nuovi iscritti e, successivamente, nelle attività di manutenzione e moderazione degli spazi web.

È proprio in questi termini che si raggiunge un sistema di orientamento integrato, in cui i confini dei diversi stadi di accesso al sistema didattico (S. Castelli et al., 2006; Vanin, 2006) vengono resi più accessibili mediante graduali adeguamenti dell'impianto informativo e grazie a specifici ruoli, più o meno formali, condivisi a più livelli tra tutor, studenti, assistant. Dal punto di vista funzionale risultano integrati anche i diversi strumenti utilizzati per fornire orientamento: siti web, forum di discussione, chat, blog, documenti più o meno condivisi e co-costruiti rappresentano un impianto coerente che mira a semplificare e uniformare l'informazione. Sebbene si utilizzino strumenti comunicativi alquanto eterogenei tra loro, l'intero impianto didattico risulta coerente, graduale e accogliente.

Conclusioni Il libro ha delineato l'evoluzione di un modello di orientamento online, secondo due direzioni principali.

La prima dimensione riguarda lo studio della letteratura in merito all'applicazione delle nuove tecnologie ai processi di orientamento, sia educativo, sia professionale. Per il primo aspetto, la letteratura presa in considerazione nel primo capitolo, fornisce diversi spunti soprattutto in merito alla selezione, alla preparazione degli studenti, al supporto fornito in itinere (ad esempio, in Piskurich, 2003). In tal senso, le indicazioni fornite sembrano essere sufficienti per elaborare un primo modello di orientamento, in grado di tener conto delle esigenze degli studenti, dei possibili ostacoli che possono insorgere durante il processo formativo e delle eventuali resistenze nei confronti delle nuove tecnologie e degli strumenti, per così dire, non tradizionali adottati.

Per il secondo aspetto, ossia l'orientamento professionale, in letteratura sono presenti spunti interessanti per quanto concerne l'utilizzo delle nuove tecnologie (a titolo d'esempio, Hoffman, 2002; Jones e Laffey, 2002; Kidwell *et al.*, 2004) in processi di orientamento in campo professionale e, più in generale, organizzativo.

Da tali studi emerge una specifica attenzione al gap tra individuo e organizzazione (sia in termini professionali, sia in termini didattici e formativi): il processo di orientamento, soprattutto quando sfrutta le potenzialità offerte dalle nuove tecnologie, deve tenere in considerazione quali sono le caratteristiche socio-anagrafiche, formative, culturali, professionali dei propri utenti o studenti (che è stato altrove definito "profilo formativo allargato", in Vanin *et al.*, 2007; 2008) e fornire valide e concrete opportunità di meta-formazione per colmare eventuali lacune.

Da questo punto di vista, come più volte indicato nel corso del presente lavoro, l'uso delle nuove tecnologie può rappresentare un'arma a doppio taglio, soprattutto per quanto riguarda il digital divide. Anche per questo aspetto la letteratura fornisce alcune posisbili soluzioni, in particolare per quanto riguarda la progettazione di percorsi formativi in presenza (in questo caso "strumentali" rispetto all'intero processo formativo, come in Piskurich e Piskurich, 2003).

La seconda dimensione che ha guidato il presente lavoro riguarda l'esperienza sul campo e la sperimentazione di strategie, strumenti, metodi e processi in-formativi in grado di condurre lo studente dall'esterno del sistema didattico al suo cento, conducendolo efficacemente verso l'uscita (ossia, nel nostro caso, il raggiungimento della laurea).

L'opportunità di lavorare a diversi livelli per il corso di laurea a distanza in Discipline della Ricerca Psicologico Sociale (Consorzio Nettuno) presso la Facoltà di Psicologia di Milano Bicocca, prima, e la possibilità di realizzare un servizio di tutoring online per gli iscritti ai corsi di laurea tradizionali della Facoltà di Psicologia, dopo, mi hanno fornito un campo di applicazione e sperimentazione privilegiato[11], in cui progettare, realizzare e valutare l'intera gamma di

---

11    Ringrazio a tal proposito il Prof. Stefano Castelli che, in qualità di coordinatore del corso di laurea a distanza e responsabile del servizio di

modelli descritti nel presente lavoro.

Nel secondo e terzo capitolo, infatti, sono descritti gli strumenti adottati per orientare online e le implicazioni metodologie di tale applicazione. Il principale ostacolo, in questi termini, riguarda l'imperativo organizzativo (Kurchner-Hawkins, 2003), ossia il cambiamento radicale richiesto in termini di struttura organizzativa e per quanto riguarda quello che Pan e Scarbrough (1999) hanno definito come infrastruttura, infostruttura e infocultura. Tale cambiamento implica, di conseguenza, una trasformazione profonda della cultura dell'orientamento, inteso come processo continuo e come strumento che agisce in itinere, per tutta la durata della formazione dell'individuo e, se di formazione permanente si tratta, anche il processo orientativo deve assumere tale portata.

In secondo luogo, emerge un *iso-morfismo* tra formazione e orientamento: l'orientamento, per essere integrato con la formazione deve in qualche modo specchiarne la forma, o almeno adattarvisi. È per lo stesso motivo che l'orientamento online si è delineato dalle sue origini come forma di orientamento a distanza, inteso prevalentemente come adattamento a sistemi di formazione di questo tipo: la formazione era a distanza e pertanto l'orientamento non poteva essere esclusivamente in presenza (Castelli et al., 2006). Ma per altri aspetti tale iso-morfismo riguarda non solo gli strumenti utilizzati, ma anche l'approccio culturale, il sistema didattico in senso più stretto, il ruolo degli attori all'interno del processo, le metodologie adottate.

Se emerge, da questo punto di vista, una carenza, un attrito che concerne il sistema didattico e, quindi, per adattarsi dovrebbe essere l'orientamento a perdere alcuni elementi innovativi, la questione diventa imbarazzante. Detto altrimenti, se l'orientamento deve adattarsi ad un sistema per alcuni versi restio all'innovazione (anche se lo scenario Italiano sta progressivamente allontanandosi da questa

---

tutoring online della Facoltà di Psicologia mi ha offerto questa notevole opportunità.

prospettiva), allora, con tutta probabilità, va ridefinito e riprogettato proprio il sistema didattico.

Tuttavia, come si accennava, la crescente diffusione di iniziative didattiche fortemente centrate sulle nuove tecnologie permette di essere ottimisti nell'applicazione del modello: sembrano essere disponibili tutte le premesse per integrare le modalità di orientamento online con i sistemi didattici e formativi tradizionali.

È con tale prospettiva che è stato sviluppato il sistema di tutoring online (non presentato in questo testo): l'applicazione di modelli e strumenti a distanza a contesti formativi universitari di tipo tradizionale. Come si è osservato nel quarto capitolo, si tratta di un modello in continua evoluzione e che si basa sugli assunti fondamentali del peer-tutoring: il supporto reciproco tra gli studenti può fornire una base fertile per la costruzione di dispositivi di orientamento completi e integrai, in cui struttura didattica e utenti finali, docenti, tutor e personale amministrativo possono collaborare per fornire un impianto di orientamento a trecentosessanta gradi.

Il tutoring online, inteso come possibile evoluzione del modello di orientamento qui proposto, si centra sulla community online come strumento di orientamento, in modo non molto differente da quanto riscontrabile in letteratura per quanto concerne l'orientamento di gruppo (Pombeni, 2009). Anche in questo caso, l'integrazione con il sistema didattico, con le segreterie didattiche, i docenti, i coordinatori risulta essenziale per l'efficacia del progetto.

In tal senso le problematiche che emergono nell'applicazione di un modello di orientamento online ad un contesto che si basa su interazioni in tempo e spazi reali, sono le medesime che si incontrano nell'utilizzo delle nuove tecnologie in contesti organizzativi di tipo tradizionale.

Per questi aspetti, l'applicazione del modello a contesti di orientamento professionale non sembra così complicato e, anzi, per molti versi auspicabile. In un mercato del lavoro in continua evoluzione (non escludendo l'attuale momento di crisi dell'offerta) e che fa largo uso dei siti internet e delle community per la ricerca di un impiego, non sembra sensato esimersi dalla sperimentazione di strumenti innovativi che vadano proprio in questa direzione.

Laddove, si è accennato all'imprinting che l'orientamento online può fornire ai nuovi iscritti ad un corso di laurea a distanza, sembra ragionevole supporre che una prima forma di selezione per quanto riguarda il gap tecnologico possa provenire proprio da una pre-selezione online oppure, se si vuole leggere l'altra faccia della medaglia, un percorso di formazione possa rendere avvio proprio da tale primo contatto via web.

Le applicazioni, come si può osservare, sono molteplici e non prive di alcuni limiti, come sottolineato nel corso del lavoro. Tuttavia, una progettazione attenta a tutti gli aspetti e alle variabili in gioco nel processo e la sperimentazione continua di strumenti e applicazioni innovative può aprire concreti orizzonti di sviluppo.

Per concludere è possibile aggiungere alcune considerazioni relative allao sviluppo e alla progettazione di un sistema simile.

Come già scritto nella prefazione e al termine del precedente capitolo, i due servizi non sono più attivi presso il Dipartimento di Psicologia di Milano Bicocca, sostituiti da altri servizi di altra natura.

Dall'esperienza maturata in altri ambiti, non esclusivamente accademici, e da alcune osservazioni del tutto personali, emergono alcuni ostacoli che è necessario tenere in conto nel momento in cui si avvii un progetto di questo tipo. Si tratta di consigli operativi e strategici che mi sento di offrire a chi voglia intraprendere un'esperienza di questo tipo.

In primo luogo, va ampiamente considerata la dimensione tempo. Lo sviluppo di sistemi di orientamento e tutoring online richiedono diverso tempo per entrare a regime, in alcuni casi anni. Ci vuole tempo per la progettazione didattica e strategica, lo sviluppo tecnico e per il suo consolidamento, per la sperimentazione e per l'integrazione di tali sistemi con quanto già in essere, per la diffusione e per l'integrazione nella cultura organizzativa.

Il tempo, in tali progetti è anche proporzionale a quanto tale sistema viene utilizzato, promosso, diffuso, rilanciato a diversi livelli e nelle diverse fasi di sviluppo.

Una seconda osservazione riguarda la cultura dell'orientamento online e di come viene percepito all'interno dell'organizzazione in cui nasce e si sviluppa: il lavoro in questi termini è complesso e richiede diversi stadi di sviluppo per essere compreso, approvato, condiviso, metabolizzato nel sistema. In terzo luogo, è necessario prevedere una certa forma di continuità delle responsabilità. Anche per via della dimensione temporale appena indicata, è necessario immaginare un ruolo costante di supervisione e condivisione, non delegando a realtà temporanee o precarie la creazione e nutrimento della struttura di orientamento. Chi si occupa di tali aspetti deve poter avere a propria disposizione almeno due, tre anni di lavoro e la raccolta dei frutti di tale impegno può avvenire anche a distanza di anni. Si tratta quindi di un'agenzia interna stabile, costante, solida e con garanzia di continuità rispetto allo sviluppo dell'intero progetto.

Un'ultima dimensione, strettamente connessa con le dimensioni culturali e temporali appena emerse è il coinvolgimento attivo dei principali *stake holders* interni, attività che sin dalle origini deve essere sviluppata in termini non solo strategici ma, soprattutto, politici. Docenti, personale amministrativo, rappresentanti delle diverse realtà organizzative e dei più disparati nuclei di interesse devono essere coinvolti e sufficientemente motivati per mantenere costantemente attive le risorse necessarie alla diffusione del sistema. Come in altri casi, i sistemi di orientamento e tutoring online necessitano l'approvazione e il supporto di diverse realtà, che devono rappresentare una dimensione di crescita, di espansione, e non un freno o una forza di inerzia in grado di rallentare o immobilizzare il sistema.

Queste dimensioni sono le principali forze che consiglio di tenere in ampia considerazione in tutte le fasi di sviluppo di un sistema integrato di orientamento e tutoring online.

I risultati poi, verranno da sé.

# Bibliografia

AA.VV. (2001). *Valutare la qualità della formazione. Motivi, idee, progetti per la formazione. (A cura del Comitato Tecnico-Scientifico del Centro formazione permanente monsignor Luigi Moneta).* Milano: Vita e Pensiero.

Amoretti, G., & Rania, N. (2005). *L'orientamento: teorie, strumenti e metodi.* Roma: Carocci.

Anderson, T., Rourke, L., Garrison, D. R., & Archer, W. (2001). Assessing teaching presence in a computer conferencing context. *Journal of Asynchronous Learning Networks, 5,* 1-17.

Andrea, K., & Carsten, R. (2007). Facilitating asynchronous discussions in learning communities: the impact of moderation strategies. *Behaviour & Information Technology. Special Issue: Computer Support for Learning Communities., 26*(1), 73-80.

Ardizzone, P., & Rivoltella, P. C. (2003). *Didattiche per l'E-Learning. Metodi e strumenti per l'innovazione dell'insegnamento universitario.* Roma: Carocci Editore.

Avallone, F. (1994). *Psicologia del Lavoro.* Milano: Carocci.

Avallone, F. (2002). L'orientamento tra informazione e produzione di conoscenza. In A. Grimaldi (Ed.), *Orientamento: modelli, strumenti ed esperienze a confronto* (pp. 55-67). Milano: Franco Angeli.

Avallone, F. (Ed.). (2006). *Tutor. Manuale teorico-pratico per migliorare l'efficacia dei sistemi formativi.* Milano: Guerini e Associati.

Baldassarre, V. A., Zaccaro, F., & Ligorio, M. B. (Eds.). (2002). *Progettare la formazione. Dall'analisi dei bisogni alla valutazione dei risultati.* Milano: Carocci.

Battistelli, A., Majer, V., & Odoardi, C. (1997). *Sapere, fare, essere.* Milano: Franco Angeli.

Benigno, V., & Trentin, G. (2000). The evaluation of online courses. *Journal of computer assisted learning, 16,* 259-272.

Bereiter, C., Scardamalia, M., Alexander, P. A., & Winne, P. H. (2006). Education for the Knowledge Age: Design-Centered Models of Teaching and Instruction. In *Handbook of educational psycho-*

*logy*. (pp. 695-713). Mahwah, NJ, US: Lawrence Erlbaum Associates Publishers.

Biagioli, R. (2003). *L'orientamento formativo*. Firenze: Edizioni ETS.

Bishop, J. (2007). Increasing participation in online communities: A framework for human–computer interaction. *Computers in Human Behavior, 23*, 1881-1893.

Blythe, S. (2001). Designing online courses: user-centered practices, *Computers and Composition* (Vol. 18, pp. 329-346): Elsevier Science.

Boccolini, M., & Perich, C. (2004). *I costi dell'E-Learning*. Trento: Erickson.

Bonaiuti, G. (Ed.). (2006). *E-Learning 2.0*. Trento: Erickson.

Booker, Q. E., & Rebman, C. M., Jr. (2005). E-student retention: factors affecting customer loyalty for online program success. *Issues in Information Systems, 6*(1), 184-189.

Bozarth, J., Chapman, D. D., & LaMonica, L. (2004). Preparing for Distance Learning: Designing an Online Student Orientation Course. *Journal of Educational Technology & Society, 7*(1), 87-106.

Brown, R. E. (2001). The process of community-building in distance learning classes. *Journal for Asynchronous Learning Networks 5*(2 - Sept.), 18-35.

Bruscaglioni, M. (1997). *La gestione dei processi nella formazione degli adulti*. Milano: Franco Angeli.

Bruschi, B., & Ercole, M. L. (2005). *Strategie per l'E-Learning. Progettare e valutare la formazione online*. Roma: Carocci Editore.

Bull, S., & McCalla, G. (2002). Modelling cognitive style in a peer help network. *Instructional Science, 30*(6), 497-528.

Burke, R. D., Hammond, K. J., Kulyukin, V., Lytinen, S. L., Tomuro, N., & Schoenberg, S. (1997). Question answering from frequently asked question files: experiences with the FAQ Finder System. *AI Magazine, 18*(2 - Summer), 57-66.

Burnett, G., & Bonnici, L. (2003). Beyond the FAQ: Explicit and implicit norms in Usenet newsgroups *Library and Information Science Research 25*(3 - Autumn), 333-351

Cacciamani, S. (2008). *Imparare cooperando. Dal cooperative learning alle comunità di ricerca*. Milano: Carocci.

Calvani, A. (2002). Per una "ergonomia didattica" *Form@re - Newsletter per la formazione in rete, 13*(Settembre).

Calvani, A., & Rotta, M. (2000). *Fare formazione in internet. Manuale di didattica online.* Trento: Erickson.

Carli, R., & Paniccia, R. M. (Eds.). (1999). *Psicologia della formazione.* Bologna: Il Mulino.

Caspi, A., & Blau, I. (2008). Social presence in online discussion groups: testing three conceptions and their relations to perceived learning. *Social Psychology of Education, 11*(3), 323-346.

Castelli, C. (2002). L'Orientamento informativo ed educativo. In C. Castelli & L. Venini (Eds.), *Psicologia dell'Orientamento Scolastico e Professionale. Teorie, Modelli e Strumenti* (pp. 165-176). Milano: Franco Angeli.

Castelli, C., & Venini, L. (Eds.). (2002). *Psicologia dell'Orientamento Scolastico e Professionale. Teorie, Modelli e Strumenti.* Milano: Franco Angeli.

Castelli, S. (2007). L'orientamento e il tutorato interattivo on-line: il caso di Psicologia a Milano-Bicocca.. In F. Petruccelli (Ed.), *Dalla Scuola all'Università: una scelta di vita.* Milano: Franco Angeli.

Castelli, S., Vanin, L., & Brambilla, M. (2005a, 4-5 Febbraio). *Customer satisfaction e valutazione della formazione a distanza. Il Consorzio Nettuno e il corso di laurea in Discipline della Ricerca Psicologico Sociale.* Paper presented at the Atti del convegno "Verso una nuova qualità dell'insegnamento e apprendimento della Psicologia" Padova.

Castelli, S., Vanin, L., & Brambilla, M. (2005b, 20 ottobre). *Il Corso di Laurea a Distanza in Discipline della Ricerca Psicologico-Sociale (NETTUNO): una proposta di orientamento.* Paper presented at the Assemblea E-Learning Milano Bicocca, Milano.

Castelli, S., Vanin, L., & Brambilla, M. (2006). Il modello di orientamento "a stanze". Analisi dei bisogni e formazione universitaria a distanza. *Tecnologie Didattiche, 39*(3), 57-66.

Cesareni, D., Albanese, O., Cacciamani, S., Castelli, S., De Marco, B., Fiorilli, C., et al. (2008). Tutorship styles and Knowledge Building in an Online Community: Cognitive and Metacognitive Aspects. In B. M. Varisco (Ed.), *Psychological, pedagogical and sociologi-*

_cal models for Learning and assessement in virtual communities_ (pp. 13-56). Milano: Polimetrica.

Chesbrough, H. W., Vanhaverbeke, W., & West, J. (2006). _Open innovation: researching a new paradigm._ Oxford, U.K.: Oxford University Press.

Chevalier, A., & Kicka, M. (2006). Web designers and web users: Influence of the ergonomic quality of the web site on the information search, _International Journal of Human - Computer Studies_ (Vol. 64 %W /cgi-bin/sciserv.pl?collection=journals&journal=10715819&issue =v64i0010&article=1031_wdawuiwsotis, pp. 1031-1048): Elsevier Science.

Chou, C. (2003). Interactivity and interactive functions in web-based learning systems: a technical framework for designers. _British Journal of Educational Technology, 34_(3), 265-279.

Christie, D., Cassidy, C., Skinner, D., Coutts, N., Sinclair, C., Rimpilainen, S., et al. (2007). Building collaborative communities of enquiry in educational research. _Educational Research and Evaluation. Special Issue: How educational researchers and practitioners meet., 13_(3), 263-278.

Cleveland-Innes, M., Garrison, R., & Kinsel, E. (2007). Role adjustment for learners in an online community of inquiry: Identifying the challenges of incoming online learners. _International Journal of Web-Based Learning and Teaching Technologies., 2_(1), 1-16.

Crippa, F., & Vanin, L. (2005). Valutazione della didattica universitaria a distanza. La prospettiva degli studenti. In L. Fabbris (Ed.), _Efficacia esterna della formazione universitaria: il progetto Outcomes_ (pp. 263-274). Padova: CLEUP.

Davenport, T., & Prusak, L. (1998). _Working Knowledge: How Organisations Manage What They Know._ Boston, MA.: Harvard Business School Press.

Davies, J., & Graff, M. (2005). Performance in e-learning: online participation and student grades. _British Journal of Educational Technology, 36_(4), 657-663.

De Smet, M., Van Keer, H., & Valcke, M. (2008). Blending asynchronous discussion groups and peer tutoring in higher education:

An exploratory study of online peer tutoring behaviour. *Computers & Education 50 (2008) 207–223, 50*, 207-223.

De Smet, M., Van Keer, H., & Valcke, M. (2009). Cross-age peer tutors in asynchronous discussion groups: A study of the evolution in tutor support. *Instructional Science, 37*, 87-105.

De Souzaa, C. S., & Preeceb, J. (2004). A framework for analyzing and understanding online communities. *Interacting with Computers, 16*, 579–610.

DeLoach, S. B., & Greenlaw, S. A. (2007). Effectively Moderating Electronic Discussions. *Journal of Economic Education, 38*(4), 419-434.

Depolo, M. (1998). *Psicologia delle organizzazioni*. Bologna: Il Mulino.

DeRouin, R., Fritzsche, B. A., & Salas, E. (2004). Optimizing E-Learning: Research-based Guidelines for Learner-Controlled Training. *Human Resource Management, 43*(2&3), 147-162.

Di Fabio, A. (1998). *Psicologia dell'Orientamento. Problemi, Metodi e Strumenti*. Firenze: Giunti Editore.

Di Nuovo, S. (Ed.). (2003). *Orientamento e formazione. Progetti ed esperienze nella Scuola e nell'Università*. Firenze: O.S.

Drenth, P. J. D. (1984). Research in Work - and Organizational Psychology: Principles and Methods. In P. J. D. Drenth, H. Thierry, P. J. Willems & C. J. de Wolff (Eds.), *Handbook of Work and Organizational Psychology*. London: Wiley.

Durana, D., & Monereob, C. (2005). Styles and sequences of cooperative interaction in fixed and reciprocal peer tutoring. *Learning and Instruction, 15*(3), 179-199.

Eastin, M. S., & LaRose, R. (2000). Internet self-efficacy and the psychology of the digital divide. *Journal of Computer-Mediated Communication, 6*(1).

Edwards, M. A., & Fintan, C. (2001). Supporting the Collaborative Learning of Practical Skills with Computer-mediated Communications Technology. *Educational Technology & Society, 4*(1), 80-92.

Engeström, Y. (Ed.). (1999). *Innovative learning in work teams: analysing cycles of knowledge creation in practice*. Cambridge, U.K.: Cambridge University Press.

Fabbri, L. (2007). *Comunità di pratiche e apprendimento. Per una formazione situata.* Milano: Carocci.

Fata, A. (2004). *Gli aspetti psicologici della formazione a distanza.* Milano: Franco Angeli.

Fleischman, M., Hovy, E., & Echihabi, A. (2003). *Offline Strategies for Online Question Answering: Answering Questions before They are asked.* Paper presented at the 41st Annual Association for Computational Linguistics.

Foshay, R., & Bergeron, C. (2002). Web-Based Education: A Reality Check. In A. Rossett (Ed.), *The ASTD E-Learning Handbook* (pp. 365-372). New York: McGraw-Hill.

Fraccaroli, F. (1998). *Apprendimento e formazione nelle organizzazioni.* Bologna: Il Mulino.

Fraccaroli, F. (2007). *Il cambiamento nelle organizzazioni. Metodi di ricerca longitudinale applicati alla psicologia del lavoro.* Milano: Cortina Editore.

Frazee, R. V. (2002). Technology Adoption: Bringing Along the Latecomers. In A. Rossett (Ed.), *The ASTD E-Learning Handbook* (pp. 262-277). New York: McGraw-Hill.

Frieden, S. (1999). Support Services for Distance Education. *Educational Technology & Society, 2*(3), 48-54.

Gagliardi, P., & Quarantino, L. (2000). *L'impatto della formazione. Un approccio etnografico alla valutazione dei risultati.* Milano: Guerini e Associati.

Gao, H., Baylor, A. L., & Shen, E. (2005). Designer Support for Online Collaboration and Knowledge Construction. *Educational Technology & Society, 8*(1), 69-79.

Garito, M. A. (2002). Il modello psicopedagogico del NETTUNO tra presente e futuro. *Rivista dell'Istruzione, 6*, 755-768.

Garrison, D. R., & Cleveland-Innes, M. (2005). Facilitating Cognitive Presence in Online Learning: Interaction is not Enough. *The American Journal of Distance education, 19*(3), 133-148.

Garrison, R. D., & Anderson, T. (2002). *E-Learning in the 21st Century: A Framework for Research and Practice..* London: RoutledgeFalmer.

Gervedink Nijhuis, G., & Collis, B. (2005). How can Academics stay in Control? *British Journal of Educational Technology, 36*(6), 1035-1049.

Giolo, R. (2009 - In press). Valutazione e comunità di ricerca. In S. Cacciamani (Ed.), *Knowledge Building Communities. Ripensare la scuola e l'università come comunità di ricerca.* Napoli: Scriptaweb.

Gomm, R., Hammersley, M., & Foster, P. (Eds.). (2000). *Case study method: key issues, key texts.* London: Sage.

Greer, J., McCalla, G., Cooke, J., Collins, J., Kumar, V., Bishop, A., et al. (2000). Integrating cognitive tools for peer help: The intelligent intranet peer help-desk project. In J. Greer, G. McCalla, J. Cooke, J. Collins, V. Kumar, A. Bishop, J. Vassileva & S. P. Lajoie (Eds.), *Computers as cognitive tools: No more walls, Vol. II.* Mahwah, NJ, US: Lawrence Erlbaum Associates Publishers.

Gresh, K. S., & Mrozowski, S. (2000, 10-13, October). *Faculty/Student Interaction at a Distance: Seeking Balance.* Paper presented at the EDUCAUSE 2000, Nashville.

Guglielmino, L. M., & Guglielmino, P. J. (2003). Identifying Learners. Who are ready for E-Learning and supporting their success. In G. M. Piskurich (Ed.), *Preparing Learners for E-Learning* (pp. 19-33). San Francisco (CA): Pfeiffer (John Wiley & Sons, Inc.).

Guichard, J., & Huteau, M. (2003). *Psicologia dell'orientamento professionale.* Milano: Cortina Editore.

Hall, B. (2002). Six Steps to Developing a Successful E-Learning Initiative: Excerpts from the E-Learning Guidebook. In A. Rossett (Ed.), *The ASTD E-Learning Handbook* (pp. 234-250). New York: McGraw-Hill.

Hardré, P. L., Crowson, H. M., Xie, K., & Ly, C. (2007). Testing differential effects of computer-based, web-based and paper-based administration of questionnaire research instruments. *British Journal of Educational Technology, 38*(1), 5-22.

Hargittai, E., & Hinnant, A. (2008). Digital inequality: Differences in young adults' use of the internet. *Communication Research, 35*(5), 602-621.

Harksooa, K., & Jungyunb, S. (2005). High-performance FAQ retrieval using an automatic clustering method of query logs *Information Processing and Management 42*(3, May), 650-661.

Hatch, M. J. (1999). *Organization Theory: Modern, Symbolic and Post-modern Perspectives* (Trad. It. Teoria dell'organizzazione, Bologna: Il Mulino, 1999 ed.). Oxford, U.K.: Oxford University Press.

Hew, K. F., & Cheung, W. S. (2008). Attracting student participation in asynchronous online discussions: A case study of peer facilitation. *Computers & Education, 51*, 1111-1124.

Hoffman, B. (2002). Preparing E-Learning Professionals. In A. Rossett (Ed.), *The ASTD E-Learning Handbook* (pp. 39-57). New York: McGraw-Hill.

Hrastinski, S. (2008). What is online learner participation? A literature review. *Computers & Education., 51*(4), 1755-1765.

Ingram, A. L. (2002). The Four Levels of Web Site Development Expertise. In A. Rossett (Ed.), *The ASTD E-Learning Handbook* (pp. 445-460). New York: McGraw-Hill.

Johnson, R. D., Hornikb, S., & Salas, E. (2008). An empirical examination of factors contributing to the creation of successful e-learning environments
*International Journal of Human-Computer Studies, 66*, 356-369.

Jones, N. B., & Laffey, J. (2002). How to Facilitate E-Collaboration and E-Learning in Organizations. In A. Rossett (Ed.), *The ASTD E-Learning Handbook* (pp. 250-262). New York: McGraw-Hill.

Joyce, E., & Kraut, R. E. (2006). Predicting Continued Participation in Newsgroups. *Journal of Computer-Mediated Communication, 11*, 723–747.

Kahn, B. H. (2004). *E-Learning: progettazione e gestione*. Trento: Erickson.

Kang, I., Lee, K. C., Lee, S., & Choi, J. (2007). Investigation of online community voluntary behavior using cognitive map *Computers in Human Behavior, 23*(1), 111-126.

Kanuka, H., Rourke, L., & Laflamme, E. (2007). The Influence of Instructional Methods on the Quality of Online Discussion. *British Journal of Educational Technology, 38*(2), 260-271.

Kidwell, P. K., Freeman, R., Smith, C., & Zarcone, J. (2004). Integrating Online Instruction with Active Mentoring to support Professional in Applied Settings. *Internet and Higher Education, 7*, 141-150.

Kim, A. J. (2000). *Costruire comunità web*. Milano: Apogeo.

Koh, J., Kim, Y.-G., Butler, B., & Bock, G.-W. (2007). Encouraging Participation in Virtual Communities. *Communication of the ACM, 50*(2), 68-73.

Kotsiantis, S., Pierrakeas, C., & Pintelas, P. (2003). *Preventing student dropout in distance learning systems using machine learning techniques*. Paper presented at the Web-Based Educational Systems at Seventh International Conference on Knowledge-Based Intelligent Information & Engineering Systems.

Krug, S. (2006). *Don't make me think. Un approccio di buon senso all'usabilità del web*: Tecniche Nuove.

Kurchner-Hawkins, R. (2003). Preparing and Supporting E-Learners. The Organizational Change Imperative. In G. M. Piskurich (Ed.), *Preparing Learners for E-Learning* (pp. 101-121). San Francisco (CA): Pfeiffer (John Wiley & Sons, Inc.).

Lapadat, J. C. (2002). Written Interaction: A Key Component in Online Learning. *Journal, 7*(4). Retrieved from http://jcmc.indiana.edu/vol7/issue4/lapadat.html

Lazonder, A. W., Biemans, H. J. A., & Wopereis, I. G. J. H. (2000). Differences between Novice and Experienced Users in Searching Information on The World Wide Web. *Journal of the American Society for Information Science, 51*(6), 576-581.

Lee, J. (2001). Instructional Support for Distance Education and Faculty Motivation, Commitment, Satisfaction. *British Journal of Educational Technology, 32*(2), 153-160.

Liang, Z., Zhao-Xiong, C., & He-yan, H. (2008). Design and implementation of FAQ automatic return system based on similarity computation *Wuhan University Journal of Natural Sciences, 11*(1).

Ligorio, M. B., Cacciamani, S., & Cesareni, D. (2006). *Blended Learning*. Milano: Carocci.

Liscia, R. (Ed.). (2007). *E-Learning. Strategie per lo sviluppo delle competenze.*. Milano: Apogeo.

Luck, A. (2000). World Campus101: Orienting Students to Penn

State's New "Campus". Retrieved 13.04.2005, 2005, from http://technologysource.org/article/world_campus_101/

Luppicini, R. (2007). Review of computer mediated communication research for education. *Instructional Science., 35*(2), 141-185.

Lynch, M. M. (2001). Effective Student Preparation for Online Learning. Retrieved 13.04.2005, 2005, from http://technologysource.org/article/effective_student_preparation_for_online_learning/

Maguire, L. (2005). Faculty Participation in Online Distance Education: Barriers and Motivators. Literature Review. *Online Journal of Distance Learning Administration, 7*(1 - Spring).

Manca, S., Delfino, M., & Mazzoni, E. (2009). Coding procedures to analyse interaction patterns in educational web forums. *Journal of Computer Assisted Learning.*

Manca, S., & Vanin, L. (2010a). Models and strategies to support students' initial socialization in web-based learning environments. In F. Pozzi & D. Persico (Eds.), *Techniques for Fostering Collaboration in Online Learning Communities: Theoretical and Practical Perspectives.* Hershey (PA), USA: IGI Global.

Manca, S., & Vanin, L. (2010b). Orientamento e formazione online. Una proposta di attività di socializzazione quale fattore aggregante. In D. Cesareni & M. S. (Eds.), *Formazione, innovazione e tecnologie.* Napoli: ScriptaWeb.

Mari, A. (2004). *Web Publishing Blog e Wiki.* Milano: Apogeo.

Matzat, U. (2004). Academic communication and Internet Discussion Groups: Transfer of information or creation of social contacts? *Social Networks, 26*(3), 221-255.

McKenzie, B. K., Mims, N., Bennett, E., & Waugh, M. (1999). Needs, concerns, and practices of online instructors. *Online Journal of Distance Learning Administration, 2*(3 - Fall).

Monasta, A. (Ed.). (2005). *Mestiere: Progettista di formazione.* Milano: Carocci.

Morelli, U. (Ed.). (1984). *La valutazione degli interventi formativi. Metodologia e ricerca empirica.* Milano: Franco Angeli.

Moshinskie, J. (2002). How to Keep E-Learners from E-Scaping. In A. Rossett (Ed.), *The ASTD E-Learning Handbook* (pp. 218-233).

New York: McGraw-Hill.

Moshinskie, J. (2003). Organizational Best Practices for Preparing E-Learners. In G. M. Piskurich (Ed.), *Preparing Learners for E-Learning* (pp. 91-100). San Francisco (CA): Pfeiffer (John Wiley & Sons, Inc.).

Na Ubon, A., & Kimble, C. (2002, March). *Knowledge Management in Online Distance Education*. Paper presented at the 3rd International Conference Networked Learning, University of Sheffield, UK.

Nielsen, J. (2000). *Designing Web Usability*: New Riders Publishing.

Nielsen, J. (2001). *Ensuring Web Usability: Understanding What Users Want*. Indianapolis (US): New Riders Publishing.

Nielsen, J., & Loranger, H. (2006). *Prioritizing Web Usability*. Indianapolis (US): New Riders Publishing.

O'Donoghue, J., Singh, G., & Dorward, L. (2001). Virtual Education in Universities: a Technological Imperative. *British Journal of Educational Technology, 32*(5), 511-523.

O'Donoghue, J., Singh, G., & Green, C. (2004). A comparison of the advantages and disadvantages of IT based education and the implications upon students. *Interactive Educational Multimedia, 9*(November), 63-76.

O'Murchu, I., Breslin, J. G., & Decker, S. (2004). Online Social and Business Networking Communities. from http://ftp.informatik. rwth-aachen.de/Publications/CEUR-WS/Vol-107/paper2.pdf

Offir, B., Lev, Y., & Bezalel, R. (2008). Surface and deep learning processes in distance education: Synchronous versus asynchronous systems. *Computers & Education, 51*(3), 1172-1182.

Pan, S. L., & Scarbrough, H. (1999). Knowledge management in Practice: An Exploratory Case Study. *Technology Analysis & Strategic Management, 11*(3), 359-374.

Panayiotis, Z., & Rifaht, S. (2006). Trends, similarities, and differences in the usage of teen and senior public online newsgroups. *ACM Transactions on Computer-Human Interaction (TOCHI), 13*(3).

Parker, A. (2003). Motivation and incentives for distance faculty. *Online Journal of Distance Learning Administration, 6*(3).

Perrine, R. M., & Spain, J. W. (2008). Impact of a Pre-Semester College Orientation Program: Hidden Benefits? *Journal of College Student Retention: Research, Theory & Practice., 10*(2), 155-169.

Piccardo, C., & Benozzo, A. (1996). *Etnografia organizzativa.* Milano: Raffaello Cortina Editore.

Piskurich, G. M. (Ed.). (2003). *Preparing Learners for E-Learning.* San Francisco (CA): Pfeiffer (John Wiley & Sons, Inc.).

Piskurich, G. M., & Piskurich, J. F. (2003). Utilizing a classroom approach to prepare learners for E-Learning. In G. M. Piskurich (Ed.), *Preparing Learners for E-Learning* (pp. 45-72). San Francisco (CA): Pfeiffer (John Wiley & Sons, Inc.).

Pombeni, M. L. (1996). *Orientamento scolastico e professionale.* Bologna: Il Mulino.

Pombeni, M. L. (2009). *Il gruppo nel processo di orientamento. Teorie e pratiche.* Milano: Carocci.

Porteneuve, C. (2007). *Sviluppare applicazioni Web 2.0.* Milano: Apogeo.

Porter, C. E. (2004). A typology of virtual communities: A multidisciplinary foundation for future research. *Journal of Computer-Mediated Communication, 10*(1).

Pozzi, F., Manca, S., Persico, D., & Sarti, L. (2007). A general framework for tracking and analysing learning processes in computer-supported collaborative learning environments', *Education and Teaching International, 44*(2), 169-179.

Preece, J., Maloney-Krichmar, D., & Abras, C. (2003). History of Emergence of Online Communities. In B. Wellman (Ed.), *Encyclopedia of Community.*: Berkshire Publishing Group, Sage.

Preece, J., Nonnecke, B., & Andrews, D. (2004). The top five reasons for lurking: Improving community experiences for everyone. *Computers in Human Behavior, 20*(2), 201-223.

Quaglino, G. P. (2005). *Fare formazione.* Milano: Raffaello Cortina Editore.

Quaglino, G. P., & Carrozzi, G. P. (1998). *Il processo di formazione. Dall'analisi dei bisogni alla valutazione dei risultati.* Milano: Franco Angeli.

Ranieri, M. (2005). *E-Learning: modelli e strategie didattiche.* Trento: Erickson.

Re, A. (1995). *Ergonomia per psicologi. Lavoro cognitivo e nuove tecnologie.* Milano: Raffaello Cortina Editore.

Recabarren, M., Nussbaum, M., & Leiva, C. (2008). Cultural divide and the Internet. *Computers in Human Behavior, 24*(6), 2917-2926.

Redding, T. R. (2003). Preparing Your Learners for My E-Learning. An E-Learning Vendor's Point of View. In G. M. Piskurich (Ed.), *Preparing Learners for E-Learning* (pp. 155-168). San Francisco (CA): Pfeiffer (John Wiley & Sons, Inc.).

Reynolds, R. A., Woods, R., & Baker, J. D. (Eds.). (2007). *Handbook of research on electronic surveys and measurements.* Hershey, PA, USA: Idea Group Reference/IGI Global.

Rivoltella, P. C. (2006). *E-Tutor. Profilo, metodi, strumenti* Milano: Carocci.

Rosen, D., Woelfel, J., Krikorian, D., & Barnett, G. A. (2003). Procedures for analyses of online communities. *Journal of Computer-Mediated Communication, 8*(4).

Rotta, M., & Ranieri, M. (2005). *E-tutor: identità e competenze.* Trento: Erickson.

Sarchielli, G. (2000). Orientatore: una professione emergente. Rappresentazioni, esigenze del compito e sistemi di competenze. In S. Soresi (Ed.), *Orientamenti per l'orientamento* (pp. 9-21). Firenze: O.S.

Savetz, K. M. (1996). A FAQtual inclination. *Internet World, 7*(1 - January), 76-77.

Scagnoli, N. (2001). Students orientation for Online Programs. *Journal of Research on Technology in Education, 34*(1), 19-27.

Scardamalia, M., & Bereiter, C. (2006). Knowledge building: Theory, pedagogy, and technology. In K. Sawyer (Ed.), *Cambridge Handbook of the Learning Sciences* (pp. 97-118). New York (US): Cambridge University Press.

Scardamalia, M., Bereiter, C., Keating, D. P., & Hertzman, C. (1999). Schools as knowledge-building organizations. In R. K. Sawyer (Ed.), *Developmental health and the wealth of nations: Social, biological, and educational dynamics.* (pp. 274-289). New York, U.S.A.: Guilford Press.

Schein, E. H. (1985). *Organizational culture and leadership*. San Francisco: Jossey-Bass Inc.

Schein, E. H. (2000). *Culture d'Impresa*. Milano: Raffaello Cortina Editore.

Schmidt, J. (2007). Blogging practices: An analytical framework.. *Journal, 12*(4), Article 13. Retrieved from http://jcmc.indiana.edu/vol12/issue4/schmidt.html

Schrum, L., Burbank, M. D., & Capps, R. (2007). Preparing future teachers for diverse schools in an online learning community: perceptions and practice. *Internet and Higher Education, 10*, 204-211.

Scotti, E., & Sica, R. (2007). *Community management*. Milano: Apogeo.

Seo, K. K. (2007). Utilizing Peer Moderating in Online Discussions: Addressing the Controversy between Teacher Moderation and Nonmoderation. *American Journal of Distance Education, 21*(1), 21-36.

Soresi, S. (Ed.). (2000). *Orientamenti per l'orientamento*. Firenze: O.S.

Spitzer, D. R. (2002). Don't Forget the High-Touch with the High-Tech in Distance Learning. In A. Rossett (Ed.), *The ASTD E-Learning Handbook* (pp. 164-174). New York: McGraw-Hill.

Stalker, J. C., & Murfin, M. E. (1996). Frequently asked questions: an effective way to store and retrieve reference information? *Reference Services Review, 24*(4), 31-40.

Sun, S. (2008). An examination of disposition, motivation, and involvement in the new technology context computers in human behavior. *Computers in Human Behavior, 24*(6), 2723-2740.

Tallent-Runnels, M. K., Thomas, J. A., Lan, W. Y., Cooper, S., Ahern, T. C., Shaw, S. M., et al. (2006). Teaching Courses Online: A Review of the Research. *Review of Educational Research, 76*(1), 93-135.

Torre, E. M. (2006). *Il tutor: teorie e pratiche educative*. Milano: Carocci.

Trentin, G. (2004). *Apprendimento in rete e condivisione delle conoscenze. Ruolo, dinamiche e tecnologie delle comunità professionali online*. Milano: Franco Angeli.

Trentin, G. (Ed.). (1999). *Telematica e formazione a distanza. Il caso Polaris*. Milano: Franco Angeli.

Van Gog, T., Kester, L., Nievelstein, F., Giesbers, B., & Paas, F. (2009). Uncovering cognitive processes: Different techniques that

can contribute to cognitive load research and instruction
Tamara van Gog a,*, Liesbeth Kester a, Fleurie Nievelstein a, Bas
Giesbers c, Fred Paas a,b. *Computers in Human Behavior, 25*, 325-331.

Van Maanen, J., & Schein, E. H. (1979). Toward a theory of organizational socialization. *Research in Organizational Behaviour, 1*, 209-264.

Vanin, L. (2006). Orientamento informativo e formazione universitaria a distanza. Riflessioni teoriche, operative e metodologiche.
*Psicologia dell'educazione e della formazione, 8*(2), 251-275.

Vanin, L. (2009). Aspetti emotivi e relazionali nell'e-learning: uno
studio tra tecnologie e fattori umani. *Qwerty, 4*(1), 77-81.

Vanin, L., Brambilla, M., & Castelli, S. (2005a, 20-23 Settembre).
*Forum e formazione a distanza: progettazione, utilizzo, valutazione.* Paper
presented at the XIX ° Congresso Nazionale A.I.P. - Sezione di
Psicologia dello Sviluppo, Cagliari.

Vanin, L., Brambilla, M., & Castelli, S. (2005b). Progettazione e sviluppo di un sistema di orientamento informativo on line. *Atti del
convegno Expo E-Learning 2005*, 1-9.

Vanin, L., & Castelli, S. (2009). Gli interventi del tutor in forum di
discussione online. Da un modello teorico agli aspetti applicativi.
*Qwerty, 4*(2).

Vanin, L., & Castelli, S. (2010). Informarsi, informare, formare. Il
caso Nettuno in Bicocca. *Giornale Italiano di Psicologia dell'Orientamento, 11*(1), 49-62.

Vanin, L., Castelli, S., & Brambilla, M. (2007). Il profilo formativo
allargato: un ruolo strategico nella formazione a distanza. In P. G.
Rossi (Ed.), *Progettare e-Learning: processi, materiali, connettività, interope-
rabilità e strategie.* (pp. 504-515). Macerata: Ed. EUM.

Vanin, L., Castelli, S., Pepe, A., & Addimando, L. (2008). An aca-
demic guidance model to orient distance student. In A. Cartelli &
M. Palma (Eds.), *Encyclopedia of ICT* (pp. 1-9). Hershey (PA), USA:
Idea Group Inc.

Vanni, L., & Fini, A. (2005). *Learning Object e metadati. Quando, come e
perché avvalersene* Trento: Erickson.

Visciola, M. (2000). *Usabilità dei siti web*: Apogeo.

Webb, E., & Weick, K. E. (1979). Unobtrusive measures in organizational theory: a reminde. *Administrative Science Quarterly, 24*(4), 650-659.

Weller, M. (2000). Implementing a CMC Tutor Group for an Existing Distance Education Course. *Journal of computer assisted learning, 16*, 178-183.

Wenger, E. (2006). *Comunità di pratica. Apprendimento, significato e identità*. Milano: Raffaello Cortina Editore.

Wesson, M. J., & Gogus, C. I. (2005). Shaking Hands with a Computer: an Examination of two Methods of Organizational Newcomer Orientation. *Journal of applied psychology, 90*(3), 1018-1026.

Whitehead, S. D. (1995). Auto-FAQ:an experiment in cyberspace leveraging. *Computer Networks and ISDN Systems, 28*, 137-146.

Wilcox, A., Hripcsak, G., Johnson, S. B., Hwang, J.-J., & Wu, M. (1998). Developing Online Support for Clinical Information System Developers: The FAQ Approach. *Computers and Biomedical Research 31*(2 - April), 112-121.

Wilkins, A. L., & Ouchi, W. G. (1983). Efficient cultures: exploring the relationship between culture and organizational performance. *Administrative Science Quarterly, 28*, 468-481.

Wise, K., Hamman, B., & Thorson, K. (2006). Moderation, Response Rate, and Message Interactivity: Features of Online Communities and Their Effects on Intent to Participate. *Journal of Computer-Mediated Communication, 12*(1), 24-41.

Wood, A. F., & Smith, M. J. (2005). *Online Communication. Linking Technology, Identity and Culture*. (Second ed.). Mahwah, NJ, US: Lawrence Erlbaum Associates Publishers.

Yin, R. K. (2008). *Case Study Research: Design and Methods*. London: Sage.

Youngcook, J. (2004). Developing a computer-based peer tutoring system. *British Journal of Educational Technology., 35*(1), 107-109.

Zeldman, J. (2003). *Progettare il Web del futuro. Standard e tecniche per il design.*: Pearson Education Italia.

Zhu, E. (2007). Interaction and Cognitive Engagement: An Analysis of Four Asynchronous Online Discussions. *Instructional Science: An*

*International Journal of Learning and Cognition, 34*(6), 451-480.

Ringraziamenti

Sono molte le persone che voglio ringraziare e tutte per un motivo valido.

Prima di tutti voglio ringraziare Stefano Castelli che iniziò nel lontano 2003 questo progetto e mi offrì l'opportunità di crescere in un ambito professionale nuovo per quei tempi e che ancora mi stupisce e rappresenta il mio settore lavorativo.

Un secondo ringraziamento è doveroso per Loredana e Alessandro, i due primi *Assistant*, ma soprattutto amici e compagni di viaggio.

Un pensiero importante va a tutti gli studenti che in questi anni mi hanno accompagnato in questo percorso, i "Nettuniani", la linfa vitale di tutti gli anni in cui questa storia si colloca. A uno di loro in particolare voglio dedicare questo lavoro, come emblema del *"Nettuniano per sempre"*: Massimo Fanelli, che ha insegnato a tutti cosa significa *vivere* un Corso di Laurea.

Grazie anche a tutto il personale del Dipartimento di Psicologia: prima di tutto ai Presidi che hanno reso possibile e vitale il progetto, soprattutto alla Prof.ssa Laura D'Odorico. Poi, per il loro supporto continuo e per l'amicizia, grazie di cuore ad Adele, Anna, Celeste, Diego, Domenico, Emma, Fausta, Franca, Matteo, Mariarosa, Rocco.

Ringrazio anche Gilberto Salvi della *Casa Editrice Mnamon* che ha creduto in questo progetto.

Infine un ringraziamento va a tutti coloro che in qualche modo hanno contribuito con un'idea, un pensiero, un'osservazione o con la loro semplice presenza.

*Luca Vanin*

Nota a questa edizione.

Orientare Online è la versione light (o *lite*, come si dice nel web) di un testo più completo.

In questa edizione ho volutamente escluso tutto ciò che concerne il Tutoring online, inserito nel libro più completo.

Questo testo è più sintetico sotto questo punto di vista ed è concepito più per gli orientatori che per coloro che si occupano di e-learning e formazione a distanza.

La versione che include il Tutoring Online è pubblicata dalla EAI – Edizioni Accademiche Italiane che ha gentilmente concesso questa edizione speciale.

Tale versione è disponibile a questo indirizzo:

http://bit.ly/orientamento_eai

# Sommario

23088236R00084

Printed in Great Britain
by Amazon